Was ist theologische Ethik?

TVZ

Richard Amesbury, Christoph Ammann (Hg.)

Was ist theologische Ethik?

Beiträge zu ihrem Selbstverständnis und Profil

T V Z
Theologischer Verlag Zürich

Bibliografische Informationen der Deutschen Nationalbibliothek
Die Deutsche Nationalbibliothek verzeichnet diese Publikation in der Deutschen Nationalbibliografie; detaillierte bibliografische Daten sind im Internet über http://dnb.d-nb.de abrufbar.

Umschlaggestaltung
Simone Ackermann, Zürich

Druck
ROSCH BUCH GmbH, Schesslitz

ISBN 978-3-290-17844-4

www.tvz-verlag.ch

Inhaltsverzeichnis

Einleitung

Was ist eigentlich theologische Ethik?

Christoph Ammann

Was ist theologische Ethik? Was macht eine Ethik überhaupt zu einer theologischen? Gibt es ein spezifisches christliches Ethos oder eine bestimmte christliche Moral, auf die sich diese Ethik bezieht? Worin unterscheiden sich theologische und philosophische Ethik? Worauf bezieht sich ethisches Denken? Diese Fragen sind so grundsätzlich, dass man denken könnte, sie würden im theologisch-ethischen Forschen und Lehren auf der Tagesordnung stehen. Aber der Schein trügt.

Unzweifelhaft treiben diese Fragen viele um, und viele fragen sich mit Befremden, Neugier, Skepsis oder Sorge, was theologische Ethik ist und sein soll. Und es kursieren offensichtlich unterschiedliche Bilder von theologischer Ethik. Was hier mit Bildern gemeint ist, ist nicht mit einer bestimmten theoretischen Position oder einer reflektierten Überzeugung zu verwechseln. Ein Bild kann viel diffuser, aber auch festgefahrener und wirkmächtiger sein als eine These, die man zu einer bestimmten Frage vertritt. Bilder in diesem Sinne sind Vorverständnisse. Sie sind der für selbstverständlich genommene Hintergrund des Denkens. Sie sind das, was man immer schon von einer Sache zu wissen glaubt. Solche Bilder lassen eine Sache in einem bestimmten Licht erscheinen und zeigen daher etwas auf, aber sie verstellen gleichzeitig den Blick auf andere Aspekte. Es ist deshalb problematisch, wenn sie sich verfestigen und dann zu eigentlichen Vorurteilen werden, die gerade verhindern, sich mit der Sache auf vertiefte Weise zu beschäftigen. Weil man ein klares Bild hat und zu wissen meint, was theologische Ethik ist (und was sie nicht sein kann), braucht man sich mit ihr auch nicht mehr weiter zu befassen.

Eines der wirkmächtigsten Bildern, die die Wahrnehmung und den Status theologischer Ethik bestimmen, hat folgende Konturen: Es gibt Ethik im Allgemeinen. Darunter fallen verschiedene ethische Theorien (Utilitarismus, Deontologie, Tugendethik) und verschiedene Zweige ethischen Denkens (Metaethik, Normative Ethik, Angewandte Ethik). Und dann gibt es daneben noch die theologische Ethik. Diese fällt buchstäblich aus dem Rahmen – genau so, wie es Vernunftgründe «für alle» gibt, und dann noch Gründe einer eigenartigen Sorte, sogenannte «religiöse Gründe». Wer von diesem Bild «gefangen gehalten» wird – um eine berühmte Formulierung Wittgensteins aufzugreifen –, für den hat theologische Ethik unweigerlich den Beigeschmack eines Sonderfalls. Der Normalfall, das ist die philosophische Ethik. Sie spricht – und darin besteht gerade der Unterschied zur theologischen – nicht aus einer bestimmten Tradition heraus; sie beschränkt sich auf Gründe und Gesichtspunkte, die allen einleuchten können (sollen); sie ist frei von metaphysischen Prämissen.

Unschwer ist zu erkennen, dass eine solche Verhältnisbestimmung von allgemeiner und theologischer Ethik verwoben ist mit einem bestimmten Verständnis, wie sich «das Säkulare» und «das Religiöse» zu einander verhalten. Im Anschluss an die Diagnose Charles Taylors (und seiner Kritik an der klassischen Säkularisierungsthese) wäre dann ein Aspekt dieses Bilds, dass theologische Ethiken das sind, was (seltsamerweise) trotz Säkularisierung und Modernisierung übrig geblieben ist: So gibt es nun neben Ethikern eben auch noch *theologische* Ethiker. Das ist so etwas wie eine «Gleichzeitigkeit des Ungleichzeitigen»: Religiöse und theologische Ethiken gibt es noch, aber als blosse Relikte. Der Normalfall ist das säkulare ethische Denken, das auf blosse Vernunftgründe, nicht auf irgendwelche weltanschaulichen Überzeugungen baut.

Dass unsere Kultur von einem solchen Verständnis tief geprägt ist, zeigt sich etwa an der Bezeichnung «Theologe und Ethiker», zu der viele theologische Ethiker greifen – als wollte man einem «säkularen» Publikum anzeigen, dass man zwar Theologe ist, aber trotzdem auch ein richtiger Ethiker. Von diesem Bild können ganz unterschiedliche Menschen bestimmt sein: für eine philosophische Ethikerin kann es der Grund sein, warum sie theologische Ethik in etwa so seltsam wie «Deutsche Physik» findet; für einen anderen wirkt es sich darin aus, dass er von der akademisch-theologischen Ethik latent oder manifest enttäuscht ist, weil sie sich zu wenig von der philosophischen Ethik unterscheidet. Bilder dieser Art sind immer verbunden mit Erwartungen, was eine theologische Ethikerin zu leisten hat, wie sie sich gegenüber Kirche, Philosophie und Öffentlichkeit positionieren soll, welche Themen sie in Lehrveranstaltungen behandeln soll und so weiter. Auf Schritt und Tritt begegnet man als theologischer Ethiker Erwartungen, Vorannahmen, Vorurteilen, Projektionen dieser Art. Sie prägen unmittelbar die Art und Weise, wie die eigene Arbeit gesehen und eingeschätzt wird, z. B. von Studierenden, Journalistinnen, aber auch von Universitäts- oder Kirchenleitungen. Und selbstverständlich machen sich solche Bilder auch in der eigenen Disziplin unmittelbar und durchgreifend bemerkbar: Was gilt im Curriculum der theologischen Ethik als wichtig und klassisch, welchen Anforderungen hat eine Position zu genügen, um als respektable theologisch-ethische Position zu gelten? Bekanntlich lohnt sich auch im Fall von Einführungen in die theologische Ethik nicht nur ein Blick auf das, was explizit über theologische Ethik gesagt wird, sondern auch darauf, welches Verständnis dessen, was theologische Ethik *nicht* ist und sein kann, als selbstverständlich vorausgesetzt wird.

Aber eben: Nur sehr selten werden diese unterschiedlichen Verständnisse dessen, was theologische Ethik ist und sein soll, Gegenstand eines expliziten Gesprächs. Im Normalfall – so meine Erfahrung – üben sie ihren Einfluss aus, ohne artikuliert und diskutiert zu werden. Es sind verschiedene Gründe denkbar, warum dem so ist. Denkbar wäre z. B., dass ein solcher Austausch darüber, was theologische Ethik ist und sein soll, schlicht nicht nötig ist, weil ein von allen geteiltes Hintergrundverständnis herrscht. Die Situation wäre dann die wie in einem Tischtennisverein, in dem sich eine Diskussion über den Sinn des Vereins, das Wesen des Tischtennisspiels oder die Frage, wer als Vereinsmitglied gelten darf, solange unnötig ist, als ein unausgesprochenes Einverständnis darüber herrscht. Aber dass sich hier und heute von selbst versteht, was theologische Ethik ist, wird kaum jemand behaupten wollen. Vielmehr deutet vieles darauf hin, dass selbst unter Vertretern des Fachs – nur schon im deutschen Sprachraum – höchst unterschiedliche Sichtweisen dessen, was theologische Ethik ist und sein soll, vorherrschen. Es besteht sogar Grund zur Feststellung, dass die Differenzen mancher Positionen so tiefgreifender Natur sind, dass kaum mehr erkennbar ist, was sie zu verschiedenen Positionen *derselben Disziplin* macht. Mir klingt noch im Ohr, wie ein theologischer Ethiker über einen anderen Vertreter des Fachs sagte, was dieser treibe, habe aus seiner Sicht weder mit Theologie noch mit Ethik etwas zu tun. Aber typischerweise fiel dieses Urteil nicht an einer Fachtagung, sondern am Wirtshaustisch. Im wissenschaftlichen Kontext dagegen wird die Frage danach, was theologische Ethik eigentlich ist, lieber vermieden, eben weil – so ist zu vermuten – die Differenzen in dieser Frage auch persönlich zu tief gehen, um an einer Tagung öffentlich diskutiert zu werden. Über irgendein Problem der Ethik, sei es eine Fragestellung der angewandten Ethik oder auch ein Problem der Metaethik, lässt es sich zumeist trefflich streiten und Argumente austauschen. Aber je stärker einen ein Thema selbst betrifft und involviert, desto schwerer fällt die Verständigung und das wissenschaftliche Diskutieren.

Nun ist die Frage nach dem eigenen Selbstverständnis als theologischer Ethiker ohne Zweifel eine Frage mit existenziellem Gewicht. Ja, es wäre eigenartig, verhielte es sich anders. Das eigene Verständnis theologischer Ethik *soll* ja der theologisch-ethischen Arbeit nicht äusserlich bleiben, als gäbe es auf der einen Seite das, was man so als theologischer Ethiker treibt, und auf der anderen Seite das, was man als das Wesen und die Aufgabe theologischer Ethik versteht. Was theologische Ethik ist und sein soll, das soll die eigene Tätigkeit vielmehr stetig durchdringen. Die Frage soll also gerade auch als eine *subjektive* verstanden werden. Wenn dem aber so ist, dann ist die Frage, was theologische Ethik ist, eine Frage, die so schwer zu traktieren und zu behandeln ist, *weil* sie so wichtig ist und weil das Grundlegende und einen am tiefsten Prägende zumeist besonders schwer ans Licht zu bringen ist.

Dazu kommt, dass in Zeiten, in denen viele gerade von der Ethik Anwendbarkeit, Nützlichkeit und Ausstrahlung in die Gesellschaft hinein erwarten, Fragen nach dem Verständnis der eigenen Disziplin leicht als sinnfreie Selbstbespiegelung erscheinen. Fragen wie die, was Ethik überhaupt ist, was ihr Gegenstand ist, ob sie überhaupt einen klar umrissenen Gegenstand hat, worin ihre Aufgabe besteht, werden deshalb im auf Output getrimmten Wissenschaftsbetrieb gerne beiseite geschoben. Schliesslich hat man Wichtigeres zu tun. Aber gerade im wissenschaftlichen Kontext lohnt es sich, nicht nur zu fragen, was denn aus Sicht der theologischen Ethik zu diesem oder jenem Problem zu sagen ist, sondern grundsätzlicher danach, was denn theologische Ethik überhaupt ist, im Wissen darum, dass dies dann vielleicht auch den Blick auf das fragliche «Problem» und das, was an ihm ethisch relevant ist, verändert.

Diese komplexe Ausgangslage hat uns bewogen, die Frage nach der Eigenart theologisch-ethischen Nachdenkens zum Gegenstand einer Vortragsreihe zu machen, die im Herbstsemester 2014 an der Universität Zürich stattfand. Wie im «richtigen Leben», so sind es neben Krisen auch im akademischen Leben bevorzugt Jubiläen und Geburtstage, die eine Gelegenheit darstellen, sich grundsätzlichere Gedanken zu machen. Der Geburtstag, den es zu feiern galt, war in diesem Fall das 50-jährige Bestehen des Instituts für Sozialethik an der Universität Zürich. Seit seiner Gründung durch Arthur Rich im Jahr 1964 ist dieses Institut ein Ort, an dem das Bemühen, ethisches Nachdenken in konkreten Anwendungszusammenhängen fruchtbar zu machen, sich stets mit einer Reflexion auf die Grundfragen theologischer Ethik verbunden hat. Das Werk des Institutsgründers ist in dieser Hinsicht beispielhaft, und trotz aller institutioneller Veränderungen und personeller Wechsel kann es als ein Charakteristikum dieses Instituts gelten, dass der Frage der Eigenart theologischer Ethik gerade auch im kritischen Gegenüber zu Ansätzen philosophischer Ethik besondere Beachtung geschenkt wurde und wird. Das schliesst ganz zentral ein, nicht einfach selbstverständlich vorauszusetzen, dass es so etwas wie Ethik im Allgemeinen gibt, und dass vor diesem Hintergrund nun das Theologische an der Ethik zu bestimmen wäre. Vielmehr geht es darum, beharrlich darauf zu insistieren, dass eben gerade zum Wesen ethischen Nachdenkens gehört, dass nicht klar, sondern umstritten ist, was es heisst, Ethik zu betreiben und was überhaupt ein «ethisches Problem» ist. Es gibt nicht *die* philosophische Ethik und daneben als Kuriosum theologische Ethik. Nach dem Proprium theologischer Ethik zu fragen, heisst immer auch, grundsätzlich danach zu fragen, was überhaupt Ethik, deren Gegenstandsbereich und deren methodisches Vorgehen ist.

So schien es uns angemessen, dieses Jubiläum mit einer Vortragsreihe zu begehen, in der den Fragen nach dem Wesen und der Aufgabe theologischer

Ethik breiter Raum gegeben wird. Die schriftlichen Fassungen dieser Vorträge, um ein Nachwort von Richard Amesbury ergänzt, beinhaltet dieses Buch. Die Vorträge stammen von einer evangelischen Theologin (Elisabeth Gräb-Schmidt) und zwei evangelischen Theologen (Wolfgang Huber und Ulrich H. J. Körtner), einem katholischen Moraltheologen (Eberhard Schockenhoff) und einem Philosophen mit Schwerpunkt Moral- und Religionsphilosophie (John Cottingham). Die Palette der behandelten Fragen ist gross: Was macht eine theologische Ethik theologisch? Was macht das Evangelische an einer Ethik aus? Wie ist das Verhältnis von Gott und Moral zu denken? In ihrer Unterschiedlichkeit und Vielgestaltigkeit wollen die Beiträge alle auf ihre Weise einen Beitrag zur Selbstreflexion theologischer Ethik leisten, und sie wollen diejenigen, die selbst theologische Ethik lehren oder betreiben, ebenso wie die, die sich schon immer gefragt haben, was theologische Ethik eigentlich sei, zum eigenen Nachdenken anregen.

Die Herausgeber danken allen Beitragenden dafür, dass sie nicht nur die Einladung zu einem Vortrag in Zürich angenommen haben, sondern auch bereit waren, uns die Texte zur Publikation zu überlassen. Danken möchten wir auch Lisa Briner vom Theologischen Verlag Zürich für die angenehme Zusammenarbeit und Bigna Hauser für das sorgfältige Redigieren der Texte. Monika Wilhelm hat dankenswerterweise das Manuskript in eine druckfertige Form gebracht hat. Und *last but not least* ist Eva Schaufelberger, der Verwaltungsassistentin des Instituts für Sozialethik, für ihre unschätzbare Hilfe bei der Organisation der Vortragsreihe und bei dieser Publikation zu danken.

Was macht eine theologische Ethik theologisch?

Wolfgang Huber

Wenn man auf die Geschichte des Instituts für Sozialethik in Zürich schaut, zu dessen fünfzigstem Geburtstag ich herzlich gratuliere, dann findet man für das Thema, zu dessen Behandlung ich eingeladen wurde, viele gute Gründe. Von den Überlegungen Arthur Richs, des Gründers dieses Instituts, über die «institutionelle Ordnung der Gesellschaft als theologisches Problem»[1] bis zu der Abschiedsvorlesung des Vorgängers von Richard Amesbury, Johannes Fischer, über «die religiöse Dimension der Moral als Thema der Ethik»[2] spannt sich ein Bogen, der den interdisziplinären Charakter der Ethik mit einer bewussten Reflexion ihres theologischen Profils verbindet. Zugleich ist das Ethik-Zentrum der Universität Zürich, das im nächsten Jahr sein zwanzigjähriges Jubiläum feiern kann, mit seiner engen Verknüpfung zwischen theologischer Ethik, philosophischer Ethik und Medizinethik ein Ort, an dem sich die Frage nach dem Besonderen einer theologischen Ethik im interdisziplinären Zusammenspiel unabweislich stellt. Deshalb bringe ich meinen Glückwunsch zu dem doppelten Jubiläum – fünfzig Jahre Institut für Sozialethik und demnächst zwanzig Jahre Ethik-Zentrum in Zürich – gern dadurch zum Ausdruck, dass ich mich dem mir angetragenen Thema stelle und für die Einladung herzlich danke.

Dazu gibt es nicht nur Gründe der Courtoisie. Die Auseinandersetzung mit unserem Thema ist auch von der Sache her geboten. Seit der Gründungszeit des Instituts für Sozialethik haben sich zwei Vorgänge synchron vollzogen, die für die Ethik von prägender Bedeutung sind. Zum einen beschleunigte sich der wissenschaftlich-technische, ökonomisch-gesellschaftliche sowie politische Wandel und setzte neue ethische Fragestellungen aus sich heraus. Zum andern wurde die Ethik als philosophische Disziplin neu entdeckt; zugleich entwickelte sich angesichts der gesellschaftlichen Differenzierung eine Fülle neuer Bereichsethiken. Beide Vorgänge will ich einleitend im Blick auf ihre Bedeutung für die theologische Ethik kurz erläutern. Von hier ausgehend frage ich nach massgeblichen Typen für die Bestimmung des

---

1 A. Rich, Die institutionelle Ordnung der Gesellschaft als theologisches Problem, ZEE 4, 1960, 233–244.

2 J. Fischer, Die religiöse Dimension der Moral als Thema der Ethik. Abschiedsvorlesung am 22.12.2011 an der Universität Zürich (http://profjohannesfischer.de/wp-content/uploads/2013/10/Religiöse Dimension-der-Moral1.pdf, Zugriff am 1.10.2015).

Theologischen an der theologischen Ethik, um eine anschliessende Zwischenbetrachtung dem Verhältnis von theologischer und philosophischer Ethik zu widmen. Den Abschluss bilden Überlegungen zu einem Konzept einer integrativen Verantwortungsethik, deren theologischer Charakter durch den Bezug auf die Selbsttranszendenz des Menschen bestimmt ist.

I.

Der Übergang vom 20. zum 21. Jahrhundert ist in ethischer Hinsicht durch einen Paradigmenwechsel geprägt. Er zeigt sich vor allem in drei Hinsichten:[3]

Das Leben als Projekt. Stärker als in früheren Zeiten wird das menschliche Leben als Projekt entworfen. Die Lebenswissenschaften erweitern die Möglichkeiten, auf das eigene wie auf fremdes Leben zuzugreifen. Geburten werden geplant; in Schwangerschaftskonflikten wird über die Weiterführung der Schwangerschaft entschieden; für die Verwirklichung des Kinderwunschs werden die Mittel der Reproduktionsmedizin eingesetzt. Krankheiten, gegen die es bisher kein Mittel gab, können geheilt oder in ihren tödlichen Wirkungen aufgehalten werden. Zugleich treten neue Krankheiten auf; mit der höheren Lebenserwartung wächst die Angst vor dementiellen Erkrankungen und vor Multimorbidität. Der Wunsch, das eigene Leben zu meistern, verbindet sich mit neuer Angst vor dessen Grenzen. Gleichwohl verstehen sich viele Menschen als Architekten ihres Lebens, was zum Beispiel Lebensmittelpunkt, Beruf, Partnerschaft und Lebensform betrifft. Manche wollen auch das Sterben planen und den Zeitpunkt ihres Todes selbst bestimmen. Neben den «Lebensentwurf» tritt der «Sterbeentwurf».

Die Vorstellung vom Leben als Projekt ist faszinierend und problematisch zugleich. Die Bedingungen und Chancen, sein Leben einem eigenen Entwurf folgend zu gestalten, sind unterschiedlich. Selbstbestimmung meint je nach individueller Lebenslage und sozialen Bedingungen für den Gebrauch der eigenen Freiheit sehr Verschiedenes. Dennoch ist das Paradigma des Lebens als Projekt so einflussreich, dass Autonomie und Selbstbestimmung weithin als die dominierenden Bezugspunkte der Ethik erscheinen, während Solidarität und Fürsorge dahinter zurücktreten.

Zu Hause in einer globalisierten Welt. Prozesse der Globalisierung hat es immer wieder gegeben. Aus europäischer Perspektive drängen sich als Beispiele die Entdeckung neuer Welten am Übergang vom Mittelalter zur Neuzeit, das Ausgreifen europäischer Herrschaftsansprüche auf die Kolonialgebiete im 19. Jahrhundert und die militärische Globalisierung in der Zeit der beiden Weltkriege auf. Aus der Perspektive anderer Kontinente sieht die Geschichte

---

[3] Vgl. W. Huber, Ethik. Die Grundfragen unseres Lebens von der Geburt bis zum Tod, München ^{2}2015, 283–285.

der Globalisierung anders aus. Für die zweite Hälfte des 20. Jahrhunderts lässt sich jedoch sagen: Die Globalisierung ist global geworden. Sie ist dabei vorrangig durch drei Kennzeichen geprägt: die Proklamation universaler Menschenrechte, die Entwicklung eines weltweiten Kommunikationsnetzes – also die rasanten Fortschritte der Digitalisierung – und weltweite wirtschaftliche Abhängigkeiten.

Jedes dieser drei Kennzeichen ist umstritten. Ob die Menschenrechte wirklich universale Anerkennung verdienen, wird kontrovers diskutiert. Jedenfalls ist deren universale Anerkennung noch längst nicht erreicht. Dass sie vor allem mit Traditionen der westlichen Aufklärung und der jüdisch-christlichen Tradition begründet werden, weckt Gegenwehr bei Menschen aus anderen Kulturen. Dank digitaler Techniken entsteht ein weltweites Netz der Kommunikation; die moderne Mobilität befördert Personen und Güter in kurzer Zeit über weite Strecken. Doch ob dadurch tatsächlich eine globale Verbundenheit ensteht, ist umstritten; neue Formen der Machtzusammenballung in der Hand von Internetfirmen wie von Staaten bergen erhebliche Gefahren in sich. Besonders offenkundig sind diese Gefahren angesichts der Erweiterung ökonomischer Macht, der Verselbständigung der Finanzmärkte und der Erosion des Privaten durch neue Möglichkeiten des Zugriffs auf personenbezogene Daten.

Räumliche Abstände werden kleiner, Verantwortlichkeiten wachsen. Die Pluralität unserer Welt wird uns an jedem Ort deutlich. Wie wir in unserer Verschiedenheit zusammenleben können, wird überall auf der Erde zu einem zentralen Thema. Ohne die Erfahrung von Fremdheit und die Begegnung mit dem Fremden können wir nirgendwo mehr zu Hause sein.

Die Zukunft als das Feld der Ethik. Die Traditionen der philosophischen und theologischen Ethik fragen nach den Massstäben für gegenwärtiges Handeln. Sie interessieren sich für die Haltungen, aus denen heraus wir handeln *können*, die Regeln, denen gemäss wir handeln *sollen*, und die Ziele, auf die wir unser Handeln richten *wollen*. Können, Sollen und Wollen werden in den Traditionen der Ethik noch zusammen gesehen; die Ethik entfaltet sich demgemäss als Tugend-, Pflichten- und Güterethik. Unter den Modi der Zeit geniesst für eine solche Ethik die Gegenwart den Vorrang. Mit den erweiterten wissenschaftlichen und technischen Möglichkeiten unserer Zeit verbinden sich jedoch weitreichende, oft im Voraus gar nicht absehbare Folgen für die Zukunft. Nicht nur die Chancen, die sich dadurch auftun, sondern auch die Risiken, die damit verbunden sind, müssen rechtzeitig bedacht werden.

Seit vier Jahrzehnten wird diese Spannung intensiv diskutiert. Einerseits soll technisch und ökonomisch induziertes Wachstum den Wohlstand für eine steigende Zahl von Menschen garantieren. Andererseits überkreuzt sich dieses Wachstum mit einem negativen ökologischen Fussabdruck, der seit dem ersten Warnruf des Club of Rome zu den «Grenzen des Wachstums» (1972) immer wieder diskutiert wird. Zugleich verbürgt dieses Wachstum keineswegs Wohlstand für alle, sondern bewirkt sehr unterschiedliche Lebenslagen, deren Disparität in vielen Teilen der Erde noch immer bedrohlich zunimmt.

Gegenüber den klassischen Formen einer Ethik, die sich an Tugenden, Pflichten und Gütern orientiert, sieht sich die Ethik heute ungleich grösseren Unsicherheiten ausgesetzt. Ins Zentrum ethischen Überlegens tritt das Verhältnis zwischen den Motiven unseres Handelns und seinen möglichen Folgen, zwischen den Regeln, an denen wir uns orientieren, und den empirischen Gegebenheiten, auf die wir mit unserem Handeln einwirken. Neben die kategorischen Festlegungen, an denen wir menschliches Handeln orientieren wollen, treten hypothetische Erwägungen über die Auswirkungen, die ein solches Handeln möglicherweise haben wird. Eine Verantwortungsethik, die die Folgen des Handelns beim Abwägen verschiedener Handlungsmöglichkeiten einbezieht, ist geboten; zugleich arbeitet eine solche Verantwortungsethik mit vielen Unwägbarkeiten, da sie mögliche Folgen in der Zukunft in das ethische Urteil einbezieht, obwohl sie diese Folgen nur als möglich, allenfalls als wahrscheinlich, aber jedenfalls noch nicht als wirklich bezeichnen kann. Durch welches Handeln Risiken vermieden und Chancen genutzt werden, lässt sich oft nicht mit letzter Gewissheit sagen.

Angesichts solcher Herausforderungen hat die Arbeit in der Ethik sich zugleich intensiviert und differenziert. Seit Manfred Riedel vor vier Jahrzehnten (im Jahr der gerade erwähnten «Grenzen des Wachstums») die «Rehabilitation der praktischen Philosophie» ausrief,[4] etablierte die Ethik sich im deutschen Sprachraum verstärkt im thematischen Kanon der Philosophie. Auch in der angelsächsischen Philosophie kam es nach einer langen Zeit «metaethischer Abstinenz»[5] zu einem neuen Interesse an materialethischen Fragen. Das führte nicht nur zu einer Ausweitung der Aktivitäten im Bereich der philosophischen Ethik: Sie verband sich vielmehr mit der Etablierung vieler Bereichsethiken, die bisweilen auch innerhalb der thematisch zuständigen Fakultäten organisiert werden; die Medizinethik und die Wirtschaftsethik sind dafür herausragende Beispiele. Diese Bereichsethiken betrachten in aller Regel die philosophische Ethik als ihre Bezugsdisziplin. Sich stattdessen an der theologischen Ethik zu orientieren, würde demgegenüber als eine weltanschauliche Parteinahme angesehen, die mit der Stellung in einer nicht-theologischen Wissenschaft als unvereinbar gilt.

---

[4] M. Riedel (Hg.), Rehabilitierung der praktischen Philosophie. Bd. 1. Geschichte, Probleme, Aufgaben, Freiburg i. Br. 1972.

[5] H. Krämer, Integrative Ethik, Frankfurt a. M. 1992, 75.

Diese Entwicklung wirkt sich unmittelbar auf das Verhältnis zwischen philosophischer und theologischer Ethik aus. Nun gilt philosophische Ethik in der Vielfalt ihrer Spielarten als der Normalfall der Ethik, die theologische Ethik dagegen als die Ausnahme. Auch in Ethikräten und Ethikkommissionen – und der öffentlichen Debatte über diese Institutionen – gilt die Beteiligung von Vertretern der philosophischen Ethik – natürlich neben der Beteiligung von Juristen und Medizinern – als selbstverständlich; die Beteiligung von Theologen wird dagegen eher als Konzession an die Kirchen angesehen und nicht so sehr aus Interesse an dem Argumentationspotenzial und der Theorietradition der theologischen Ethik begrüsst.

Die Rolle der theologischen Ethik im ethischen Zeitgespräch hat an Selbstverständlichkeit verloren. Diskurse darüber, was die theologische Ethik theologisch macht, nehmen dadurch einen anderen Charakter an, als das in früheren Zeiten der Fall war. Während früher der theologische Charakter der Ethik innerhalb der Theologie nachgewiesen werden musste – nämlich denen gegenüber, die meinten, dass mit biblischer Exegese, Kirchengeschichte, Dogmatik und praktischer Theologie doch alles Notwendige erledigt sei –, ist die theologische Ethik nun dazu herausgefordert, ihre Position im Verhältnis zur philosophischen Ethik sowie weiteren Wissenschaften zu klären, die sich an interdisziplinären Projekten zu ethischen Fragen unserer Zeit beteiligen. Dies ist eine spannende Aufgabe; sie wird noch spannender, wenn man sie nicht apologetisch, sondern selbstbewusst angeht.

II.

Die theologische Ethik hat eine reiche Tradition. Die Geschichte der Ethik ist ein in sich selbst reich verzweigtes Forschungsfeld.[6] Man kann sich so in sie versenken, dass man nie bei der eigenen Gegenwart und ihren Problemen ankommt. Aber um diese entlastende Funktion der Geschichte geht es nicht, wenn ich nach Grundtypen der theologischen Ethik unter dem Gesichtspunkt frage, wie in ihnen das Theologische an ihr bestimmt wird. Ich stelle diese Frage, obwohl man darauf hinweisen muss, dass über lange Phasen der christlichen Theologie die Ethik keine abgesonderte theologische Disziplin war. Denn die Bildung solcher Unterdisziplinen ist insgesamt erst eine neuzeitliche Erscheinung. Wir fragen also aus der Perspektive der modernen Ethik nach typischen Konstellationen des theologischen Nachdenkens über die menschliche Lebensführung.

Typologien sind unvermeidlich zugleich Reduktionen und Vereinfachungen. Sie reduzieren die Vielfalt auf einige wenige Beispiele, denen dann auch

---

6 Vgl. J. Rohls, Geschichte der Ethik, Tübingen 1991.

noch ein exemplarischer Charakter zugesprochen wird; um diesen exemplarischen Charakter herauszuheben, vereinfachen sie und sprechen zu diesem Zweck mit Max Weber vom «Idealtypus». Dieser Gefahr einer typologischen Betrachtungsweise bin ich mir bewusst; gleichwohl wähle ich diesen Weg, weil sich auf ihm Argumentationsmuster herausarbeiten und deren Grenzen bestimmen lassen.

1. Zwei Reiche

Bei dem nordafrikanischen Bischof und Theologen Augustin zeigt sich schon an der Wende vom vierten zum fünften Jahrhundert christlicher Zeitrechnung ein spezifischer Ansatz zur Bestimmung des Theologischen im Nachdenken über die menschliche Lebensführung. Dieser liegt in der Unterscheidung zweier Herrschaftsbereiche: des Herrschaftsbereichs Gottes und des Herrschaftsbereichs des Bösen. Daraus ergibt sich eine Unterscheidung zwischen zwei Bürgerschaften. Während die einen – als die Erwählten – der Bürgerschaft Gottes angehören, werden die anderen – als die von Gott Getrennten – der irdischen Bürgerschaft zugerechnet. Diese Unterscheidung ist nicht mit der Differenz zwischen der Kirche und dem politischen Gemeinwesen zu verwechseln. Denn der Kirche gehören nicht nur die Erwählten an; zu ihr gehören auch Menschen, die sich in ihrer Ichsucht von Gott getrennt haben. Sie ist also eine gemischte Gesellschaft.

Als ethischer Massstab, an dem sich der Unterschied zwischen den beiden Bürgerschaften festmacht, gilt die Unterscheidung zwischen der Gottesliebe, zu der die Liebe zum Nächsten wie zu sich selbst gehört, und der Ichsucht, zu der die Selbstliebe pervertiert und in der die Liebe zum Nächsten wie zu Gott preisgegeben wird. Dieser Unterschied hat Folgen für den Umgang mit irdischen Gütern: Aus der Perspektive der Gottesliebe werden sie in Anspruch genommen und gebraucht, um das zu erlangen, woran man sich um seiner selbst willen erfreuen kann. In der irdischen Bürgerschaft dagegen freut man sich an den irdischen Gütern um ihrer selbst willen und gebraucht das Göttliche als Mittel zum Zweck. Die entscheidende Maxime dieser Unterscheidung zwischen dem Gebrauch *(uti)* und der Freude *(frui)* heisst: Die Anerkennung Gottes als höchstes Gut bestimmt die Art und Weise des Umgangs mit den irdischen Gütern als Mittel zum Zweck. Bis in die Neuzeit, ja bis in zeitgenössische Auseinandersetzungen hinein ist eine solche Unterscheidung zwischen den Dingen, die ein Mittel zum Zweck sind, und dem, woran man sich um seiner selbst willen erfreut, aktuell. Die Unterscheidung zwischen Gott und Geld ist ein wichtiges Beispiel dafür.[7]

2. Natur und Gnade

Der grosse Lehrer der Scholastik, Thomas von Aquin, verbindet im 13. Jahrhundert philosophische und theologische Ethik miteinander. Das geschieht im Schema von Natur und Gnade. Die Bezugnahme auf die göttliche Gnade hebt die Natur nicht auf, sondern vervollkommnet sie. Die Gefahr eines Dualismus, die im Modell der zwei Reiche schlummert, wird durch dieses Modell der Vervollkommnung gebannt. Die Unentbehrlichkeit der Gnade ergibt sich aus der menschlichen Unvollkommenheit, die in Sünde und Schuld ihren Ausdruck findet. Doch die Vernunftbegabung des Menschen bürgt dafür, dass seine Gottebenbildlichkeit durch die Sünde nicht vollständig zerstört ist, sodass die Wirkung der Gnade an die naturalen Gegebenheiten anzuknüpfen vermag und die Vernunfterkenntnis in ihrer positiven Bedeutung für die Ethik anerkannt werden kann. Dementsprechend kann die theologische Ethik die seit der platonischen Philosophie hervorgehobenen vier Kardinaltugenden – Weisheit, Tapferkeit, Gerechtigkeit und Mass – würdigen; doch sie vermag zugleich plausibel zu machen, warum diese auf eine Art tugendhafter Ergänzung angewiesen sind, die der Mensch nicht von sich aus zu erwerben vermag, sondern die ihm von Gott «eingegossen» wird. Diese im strengen Sinn «theologischen», nämlich gottgewirkten Tugenden sind – der paulinischen Trias gemäss – Glaube, Liebe und Hoffnung. Ethisch ergibt sich daraus eine Unterordnung des tätigen unter das kontemplative Leben; sie schliesst die Unterordnung der weltlichen Stände unter den geistlichen Stand ein und weist beiden unterschiedliche Stufen der Moral zu.

3. Rechtfertigung und Freiheit

Aus der Sicht der Reformatoren des 16. Jahrhunderts relativiert das scholastische Modell mit seinem Ergänzungsverhältnis zwischen Natur und Gnade die Bedeutung des göttlichen Heilswirkens; mit seiner Zweistufenmoral schränkt es darüber hinaus das Gebot der Liebe zu Gott, zum Nächsten und zu sich selbst ein. Die Korrektur setzt deshalb bei der Frage an, was den Menschen gerecht macht: sein eigenes Handeln oder allein die göttliche Gnade. Der reformatorische Durchbruch zu der Einsicht, dass die Gerechtigkeit, die vor Gott gilt, zugleich allein durch ihn selbst hervorgebracht wird, verstärkt nicht nur den Gedanken einer Abhängigkeit des Menschen von der göttlichen

---

[7] Vgl. W. Huber, «Keine anderen Götter». Über die Notwendigkeit theologischer Religionskritik, in: Ch. Schwöbel (Hg.), Gott – Götter – Götzen. XIV. Europäischer Kongress für Theologie (11. – 15. September 2011 in Zürich), Leipzig 2013, 23–35.

Gnade; er verbindet sich vielmehr mit dem Bewusstsein einer Freiheit, die in der Ausschliesslichkeit der Bindung an die durch Christus vermittelte Gnade begründet ist. Diese im Glauben eröffnete Freiheit befähigt zu einem Dienst am Nächsten, der die Möglichkeit eines Handelns, das sich nicht nur auf das eigene Wohl richtet, sondern sich auch um den anderen sorgt, einschliesst. Im Begriff des Berufs wird die Überordnung des geistlichen über den weltlichen Stand aufgehoben. Denn im einen wie im andern Stand folgen Menschen dem Ruf Gottes, dem sie im tätigen Einsatz für den Nächsten zu entsprechen suchen. Das göttliche Gebot ist die Einweisung in diesen dem Ruf und Auftrag Gottes entsprechenden Dienst am Nächsten. Die Auslegung des Dekalogs im Horizont des Liebesgebots gibt diesem Modell der Ethik seine besondere Prägung.

4. Theologie als Ethik

Friedrich Schleiermacher bestimmt zu Beginn des 19. Jahrhunderts die Aufgabe der Theologie insgesamt dahingehend, dass sie das christlich geprägte religiöse Selbstbewusstsein als ein Bewusstsein vom Verhältnis des Menschen zu Gott und zur Welt zu entfalten habe. Die Glaubenslehre legt den Inhalt des christlichen Selbstbewusstseins dar, die Sittenlehre hat es mit dessen Folgen zu tun. Sie erörtert das christliche Selbstbewusstsein, «sofern es Impuls ist»[8]. Impuls ist es in dreifacher Hinsicht: im Blick auf den Widerspruch zwischen dem Gottesbewusstsein auf der einen, der sinnlichen Gebundenheit und Sündhaftigkeit auf der anderen Seite wirkt es reinigend und wiederherstellend; im Blick auf die Erfahrung einer Entsprechung zwischen Gottesbewusstsein und sinnlichem Selbstbewusstsein wirkt es erweiternd und schafft dem Reich Gottes jetzt schon Raum. Diesen beiden Formen des bewirkenden Handelns tritt schliesslich das darstellende Handeln in Gottesdienst und Fest, Kunst und Geselligkeit zur Seite, in dem die Gemeinschaft in Gott als Ruhen in sich selbst zum Ausdruck kommt.

Die Frage, wie das christliche Selbstbewusstsein sich auswirkt, ist, wie diese kurze Charakterisierung schon zeigt, gegenüber der Frage nach dem Inhalt dieses Selbstbewusstseins nicht sekundär. Deshalb wurde aus Schleiermachers Ansatz immer wieder die Folgerung gezogen, dass Theologie als Ethik oder ethische Theologie die höchste Ausdrucksform der Theologie überhaupt sei; daraus wurde immer wieder eine Vorordnung der Ethik vor die

---

[8] F. D. Schleiermacher, Die christliche Sitte nach den Grundsätzen der evangelischen Kirche. Aus Schleiermacher's handschriftlichem Nachlasse und nachgeschriebenen Vorlesungen hg. von Ludwig Jonas, Berlin 1843, 35.

Dogmatik abgeleitet. Bei Schleiermacher ist dergleichen noch nicht zu beobachten. Sein Konzept geht vielmehr erkennbar von einem Gleichgewicht zwischen Glaubenslehre und Sittenlehre aus.

5. Ethik als Theologie

Gleichwohl wurde der Theologie in der Tradition Schleiermachers eine Vernachlässigung des Theologischen an der Theologie insgesamt und damit auch an der Ethik vorgehalten. Die Behauptung, die Theologie verkehre sich in Anthropologie, bildete die Kurzformel für diese Art der Kritik, für die der Schweizer Theologe Karl Barth zum wichtigsten Exponenten wurde. Sein Gegenentwurf zielte zum einen darauf, die Theologie nicht vom christlichen Selbstbewusstsein, sondern von der göttlichen Offenbarung aus zu entwickeln. Zum anderen begriff Barth die Ethik als Teil der Dogmatik – oder in der Sprache Schleiermachers: Er ordnete die Sittenlehre in die Glaubenslehre ein, ja ordnete sie dieser unter. Das Handeln aus Glauben folgt aus der befreienden Gnade Gottes. Es antwortet auf sie in Dankbarkeit und Freiheit. Barth fügte diesem Ansatz folgend die Ethik in seine «Kirchliche Dogmatik» ein und entfaltete sie als Lehre vom Gebot Gottes des Schöpfers, des Versöhners und des Erlösers.

Aus Barths strikt christologischer Begründung der Ethik folgt, dass kein Bereich des menschlichen Lebens der Herrschaft Christi und dem aus ihr folgenden Gebot Gottes entzogen ist. Doch damit ist die christliche Ethik gerade nicht auf einen innerkirchlichen Bereich beschränkt. Denn die Offenbarung Gottes in Christus ist auf die ganze Menschheit bezogen; jede Wahrheitserkenntnis kann deshalb auch von Christus her wahrgenommen und anerkannt werden. Ein ausschliesslich christologischer Ansatz vermag daher gleichwohl für andere Zugänge zur Ethik aufgeschlossen sein. Doch in ihren Auswirkungen wurde Barths Integration der Ethik in die Dogmatik weithin als Absage an den Dialog zwischen theologischer und philosophischer Ethik verstanden.

6. Freiheit und Verantwortung

In explizitem Dialog mit neueren philosophischen, insbesondere sozialphilosophischen Entwürfen wird theologische Ethik als eine Ethik verantworteter Freiheit entwickelt. Die Anknüpfung an sozialphilosophische Konzepte zeigt sich bei Dietrich Bonhoeffer, der Max Webers Überlegungen zur Verantwortungsethik aufnimmt, und bei H. Richard Niebuhr, der sich an George Herbert Meads Konzept der sozialen, interaktionellen Konstitution des Selbst und an Martin Bubers Entwurf einer dialogischen Philosophie anschliesst.[9]

---

9 Vgl. W. Huber, Von der Freiheit. Perspektiven für eine solidarische Welt, München 2012, 82ff.

Das relationale Verständnis des Menschen wirkt sich auch auf die Auffassung seines Handelns aus. In ihm wird nicht nur eine Willensentscheidung umgesetzt, sondern es ist zugleich Antwort auf das Handeln anderer und Antizipation einer möglichen Reaktion anderer. Ethik beschäftigt sich demgemäss nicht nur mit den Handlungen Einzelner, sondern ist auf das kontinuierliche Zusammenwirken der Handlungen Vieler und in diesem Sinn auf die Gemeinschaft von Handelnden bezogen. Die relationale Betrachtung des Einzelnen und das kommunikative Verständnis des Handelns bestimmt den Ansatz einer Ethik, die vom verantwortlichen Gebrauch der Freiheit ausgeht und dabei fragt, vor wem und für wen Verantwortung wahrgenommen wird. Dietrich Bonhoeffers Antwort greift dabei besonders weit aus; er sagt, der Handelnde nehme Verantwortung vor Gott und den Menschen, aber auch für Gott und die Menschen wahr. Ein theologisch gefasster Begriff der Verantwortung bezieht sich insofern sowohl auf die Frage nach der Konstitution des ethischen Subjekts als auch auf die Frage nach den Adressaten des ethisch gebotenen Handelns. Er erweitert den zeitlichen Horizont der Ethik, indem die Antizipation der Zukunft ausdrücklich in die ethische Reflexion einbezogen wird. Man kann hierin einen Ansatz zu einer integrativen Ethik sehen.

III.

Die knappe Skizze von sechs beispielhaft herausgestellten Modellen, das Theologische an der theologischen Ethik zu bestimmen, zeigt, dass diese Bestimmung von Anfang an Fragen impliziert, die das Verhältnis von theologischer und philosophischer Ethik tangieren. Diesem Thema sei deshalb eine knappe Zwischenbetrachtung gewidmet.

Über lange Zeit hat die europäische Theologie das christliche Ethos in übernommenen philosophischen Denkformen ausgelegt. Auf diese beeindruckende Integrationsleistung, die bis zum Hochmittelalter anhält, folgt eine mit der Emanzipation der weltlich verstandenen Vernunft verbundene neue Verselbständigung der philosophischen von der theologischen Ethik. Daraus erklärt sich die Vorstellung, theologische Ethik, die moralische Normen mit einem göttlichen Gesetzgeber in Verbindung bringe, könne nur für Menschen Geltung beanspruchen, die ihrerseits an diesen göttlichen Gesetzgeber glauben; philosophische Ethik dagegen erhebe einen Anspruch auf Allgemeinverbindlichkeit. Aus dieser Verhältnisbestimmung wurde und wird die Folgerung abgeleitet, dass zwar die theologische Ethik auf die Ethik der Philosophen zu achten habe; für das Umgekehrte dagegen bestehe keine Notwendigkeit. In Europa erleben wir derzeit deshalb eine Phase, in der die Bereitschaft der Theologen zum Gespräch mit der Philosophie grösser ist als umgekehrt.

Das wechselseitige Gespräch wird oft dadurch beeinträchtigt, dass der theologischen Ethik eine Abhängigkeit von weltanschaulichen Positionen unterstellt wird, während die philosophische Ethik für sich eine Freiheit von solchen Voraussetzungen in Anspruch nimmt. Dabei gerät nicht selten aus dem Blick, dass jede Ethik mit vorwissenschaftlichen Hintergrundsannahmen und normativen Prämissen arbeitet. Wäre es anders, liesse sich die Pluralität der Ansätze in der philosophischen Ethik gar nicht erklären. Das Verhältnis von Glauben und Wissen ist nicht nur ein Problem der theologischen, sondern auch der philosophischen Ethik. Elementare Überzeugungen wie die Annahme, selbst Wahrheit erkennen zu können, die Bereitschaft, mit anderen über etwas Gewusstes in eine Kommunikation einzutreten, oder das Vertrauen in eine gewisse Beständigkeit der Welt, der zufolge etwas, was wir heute wissen, auch morgen noch einen Sinn hat – solche elementaren Überzeugungen können als ein Glaube betrachtet werden, ohne den unser Wissen haltlos wäre.[10]

Neben dieser Einsicht sind es konkrete Aufgaben, deretwegen das Gespräch zwischen theologischer und philosophischer Ethik unerlässlich ist. Die Philosophie kann Kategorien klären, Begriffe erläutern, Bedingungen für die Universalisierung ethischer Aussagen bestimmen. Die Theologie prüft, was das Ethos der Religion zur ethischen Orientierung in der Gegenwart beiträgt. Angesichts der weitverbreiteten Instrumentalisierung von Religion zur Rechtfertigung von Intoleranz und Gewalt trägt sie zu der nötigen Selbstkritik der Religion bei. Sie achtet auf die Resonanz, die der Respekt für die gleiche Würde jedes Menschen im egalitären Universalismus religiöser Traditionen, insbesondere im Judentum und im Christentum, findet. Sie weckt einen (neuen) Sinn für die Endlichkeit des Lebens, für die Verletzlichkeit und Irrtumsanfälligkeit unserer Existenz, für das Leben selbst, das eine Gabe ist – und nicht nur ein Projekt. Theologische Ethik hat heute die grosse Aufgabe, den Dialog zwischen Philosophie und Theologie in Gang zu halten und ihn für das Gespräch mit anderen Disziplinen zu öffnen. So trägt sie zur Entwicklung einer integrativen Ethik bei.

Aus diesen Überlegungen ergibt sich, dass die Gegenüberstellung von Vernunft und Glauben oder von Autonomie und Heteronomie der gegenwärtigen Konstellation des Verhältnisses von philosophischer und theologischer Ethik nicht entspricht. Zwar gibt es im Bereich der religiösen Moral fundamentalistische Formen, die das für richtig Gehaltene mit der Berufung auf eine göttliche Autorität der kritischen Prüfung entziehen wollen; doch ein Ausdruck theologischer Ethik sind solche Fundamentalismen nicht. Es mag umgekehrt im Bereich säkularen Denkens Auffassungen geben, die alle grundlegenden Überzeugungen, die den Bereich des Wissens überschreiten,

---

10 Vgl. V. Gerhardt, Der Sinn des Sinns. Versuch über das Göttliche, München 2014, 173ff.

weil sie allererst den Zugang zum Wissen konstituieren, als Wahnvorstellungen abtun. Doch man wäre ebenfalls ungerecht, wenn man darin einen Ausdruck philosophischer Ethik sehen wollte. Theologische Ethik ist in ihrer Bezugnahme auf das christliche Ethos, wie Hans-Richard Reuter sagt, «standortgebunden und perspektivisch, doch ist das Offenlegen dieser Positionalität kein Manko, vielmehr der exemplarische Fall des Eingeständnisses, dass es eine nicht perspektivische, nicht standortgebundene Ethik nicht gibt. Jede Ethik geht aus einem gelebten Ethos hervor und setzt – unbeschadet ihres Anspruchs auf allgemeine Akzeptanz – zunächst partikulare kulturelle, religiöse oder weltanschauliche Überzeugungen und Symbolisierungen voraus.»[11]

Jede Ethik hat deshalb auch eine doppelte Interpretationsaufgabe. Indem sie ein bestimmtes Ethos kritisch reflektiert, trägt sie zu dessen besserem Verständnis bei und dient der Orientierung derer, die selbst in diesem Ethos beheimatet sind oder sich an ihm ausrichten wollen. Indem sie dieses bestimmte Ethos argumentativ auslegt, arbeitet sie diejenigen Züge an ihm heraus, die zu einer universalistischen Moral beitragen und das Zusammenleben in der Pluralität der Überzeugungen, der gelebten Ethosformen und der Vernunftverständnisse fördern können. Diese doppelte Aufgabe stellt sich allen Gestalten der Ethik. Der christlichen Theologie stellt sie sich exemplarisch. Denn sie bezieht sich einerseits auf die besondere Sozialform christlicher Gemeinschaften, die sich in ihrem Leben und Verhalten am christlichen Ethos ausrichten wollen. Sie bezieht sich andererseits auf die Frage, welche moralischen Regeln für alle gelten sollen, damit das Zusammenleben der Verschiedenen möglich wird und sie sich miteinander den grossen Herausforderungen in einer sich wandelnden Welt stellen können.

IV.

Das Theologische an der theologischen Ethik zeigt sich nicht an einem besonderen Methodenarsenal, von dem nur die theologische Ethik Gebrauch macht. Auch eine offenbarungstheologische Begründung theologischer Ethik verfügt nicht über eine Methode, die weiter reicht als andere Verfahren, moralische Regeln zum einen zu begründen und zum anderen zu konkreten Gegebenheiten ins Verhältnis zu setzen, die ein ethisches Urteil erforderlich machen. Das Theologische an der theologischen Ethik zeigt sich auch nicht daran, dass die Theologie über einen besonderen Bestand an moralischen Regeln verfügt, die anderen Formen der Ethik schlechterdings unzugänglich sind. Keine Ethik wird davon abgehalten, die Zehn Gebote, das Liebesgebot oder die Goldene Regel hinsichtlich ihrer Leistungsfähigkeit für eine heutige

---

[11] H. R. Reuter, Grundlagen und Methoden der Ethik, in: W. Huber, T. Meireis, H. R. Reuter (Hg.), Handbuch der Evangelischen Ethik, München 2015, 9–123, 21.

Ethik zu überprüfen. Die theologische Ethik ist noch gar nicht bei ihrem Zentrum angekommen, wenn sie die biblische Überlieferung vorrangig als eine Normenquelle betrachtet, deren ethische Anweisungen einfach auf die Probleme der Gegenwart angewendet werden. Dagegen spricht schon die Einsicht, dass auch die ethischen Normen – wie andere Teile der biblischen Überlieferung – nur unter Berücksichtigung der historisch-kritischen Differenz zur Orientierung bei Problemen unserer eigenen Gegenwart herangezogen werden können. Die in der Bibel enthaltenen Normen sind an die jeweilige Zeit und an die sozialen Bedingungen gebunden, unter denen sie formuliert wurden. Das muss berücksichtigt werden, bevor sie zu ethischen Fragen der Gegenwart in Beziehung gesetzt werden. Wichtiger als die kontextgebundenen ethischen Weisungen sind diejenigen Aspekte der biblischen Texte, in denen sich ein Verhältnis zu sich selbst und zur Welt zeigt, das durch eine Erfahrung der Präsenz Gottes in der Welt und der Begegnung mit einer für den Menschen transzendenten Wirklichkeit geprägt ist. «Die Bibel ist in ethischer Hinsicht nicht (zuerst) Normenquelle, sondern Quelle der Identitätsbildung.»[12]

Auch in der philosophischen Ethik steht hinter den Fragen, was wir wissen können, was wir tun sollen und was wir hoffen dürfen, die Frage, wer wir sind. Ethik wird durch die Frage nach der menschlichen Identität konstituiert, und zwar nach einer Identität, die nicht schlechterdings individuell ist, sondern sich auf ein gemeinsames Humanes bezieht. Die theologische Ethik akzentuiert in dieser Frage nach der Identität des Menschen das Moment der Selbsttranszendenz.[13] Sie versteht den Menschen als das Wesen, das dazu imstande ist, sich reflexiv auf ein anderes seiner selbst zu beziehen und sich in dieser Relation begründet zu wissen. Gerade die Kontingenz unseres Daseins, der zufolge wir weder über Zeit und Ort unserer Geburt noch über die besonderen Gegebenheiten unseres Lebens und die Begabungen verfügen, die wir für dessen Fristung einsetzen, nötigt uns zum Fragen über uns selbst hinaus, wenn wir denn mit dieser Kontingenz eine Bestimmung unseres Lebens verbinden wollen. Theologische Ethik setzt damit ein, das Leben als Gabe zu verstehen und es deshalb als etwas Kostbares anzunehmen. Diese Wertschätzung des eigenen Lebens erscheint als unentbehrlich, wenn wir dazu imstande sein wollen, das Leben anderer Personen, ja aller Personen als wichtig und schützenswert, ja liebenswert anzuerkennen. Die Selbsttranszendenz des Menschen ist insofern ein unersetzliches Implikat des moralischen Universalismus, der zu den Errungenschaften der neuzeitlichen ethischen Entwicklung gehört, für den wir aber – im Rückblick und unter selbstkritischer Korrektur – wichtige Voraussetzungen im jüdisch-christlichen Verständnis des Menschen

---

12 A. a. O., 76.

13 Vgl. dazu H. Joas, Die Sakralität der Person. Eine neue Genealogie der Menschenrechte, Frankfurt a. M. 2011, 232ff.

finden. Denn die Aussage, der Mensch sei zum Bild Gottes geschaffen, verbindet gerade die beiden Grundzüge: dass ich das eigene Leben als mir anvertraute göttliche Gabe verstehe und dass mir das Leben der anderen deshalb heilig ist, weil es ebenso den Charakter einer unverfügbaren Gabe trägt.

Aus der Selbsttranszendenz des Menschen ergibt sich deshalb eine mehrstellige Verantwortungsrelation: Ich verantworte als Subjekt die eigene Lebensführung in ihren Auswirkungen für andere wie für mich selbst vor der Instanz, der ich mein Leben verdanke und auf die ich auch die Würde aller anderen zurückführe, in einer jeweils konkreten Praxissituation.[14] Diese Überlegung legt es nahe, das Theologische der theologischen Ethik in der Selbsttranszendenz des Menschen und den mit ihr verbundenen Verantwortungsrelationen zu sehen oder anders: eine theologische Ethik als *integrative Verantwortungsethik* zu verstehen.

In anderen Zusammenhängen verbindet sich der Begriff einer «integrativen Ethik» mit einem Ethikkonzept, in dem das einzelne Selbst als Integrationspunkt der Ethik angesehen wird; demgemäss bilden die Interessenlage des Individuums sowie die Probleme seiner Selbstorientierung den thematischen Fokus der Ethik.[15] In einer theologischen Perspektive dagegen erscheint die dabei vorausgesetzte Alternative zwischen Selbstlosigkeit und Selbstsorge, zwischen Fremdorientierung und Selbstorientierung, zwischen dem Interesse der Sozietät und der Interessenlage des Individuums als vordergründig. Sie führt dazu, dass die Verantwortung des Einzelnen nur noch als Selbstbezüglichkeit gedacht werden kann. Wird der Begriff der Selbstbestimmung so gefasst, werden die Bezugnahme auf das für alle geltende Gesetz oder die Bezugnahme auf die Menschheit in der Person des anderen wie in meiner eigenen Person als Prüfkriterien ethischer Normen vernachlässigt. Aus einer theologischen Perspektive betrachtet, lässt sich ein solcher Paradigmenwechsel auch nicht mit der Aussage rechtfertigen, dass man von der Perspektive der Moralphilosophie in die Perspektive einer Strebensethik wechselt. Denn die Reflexion des für den Einzelnen oder für die Gruppe erstrebenswerten «guten Lebens» muss die Frage einbeziehen, ob die dabei leitenden Maximen mit der Anerkennung aller anderen Subjekte und mit den Regeln einer für alle geltenden Moral vereinbar sind. Die theologische Ethik beharrt gerade deshalb darauf, diese beiden Fragestellungen miteinander zu verbinden, weil sie den Menschen nicht allein als ein selbstbezügliches Wesen versteht. Vielmehr sieht sie die Beziehung des Menschen zu sich selbst als eine der Relationen an, in denen sich menschliches Leben vollzieht; die Relation zu anderen Menschen, zur jeweiligen Lebenswelt und damit zur Welt im

---

14 Vgl. Reuter, Grundlagen, 80.

15 Krämer, Integrative Ethik, 84.

Ganzen sowie zu Gott treten gleichberechtigt neben die Relation zu sich selbst. Das Theologische an der theologischen Ethik wirkt sich im ethischen Urteil darin aus, dass Individualität und Sozialität als gleichursprünglich angesehen werden und weder in der einen noch in der anderen Richtung ein Primat geltend gemacht werden kann.

Deshalb kommt die Verletzlichkeit des Menschen in einer theologisch bestimmten Ethik auch nicht nur im Blick auf das Verhältnis des Menschen zu sich selbst zur Sprache. Vulnerabilität ist nicht nur eine Charakterisierung des Einzelnen, dem Schmerz zugefügt wird, der Krankheit erfährt oder unter Entbehrungen leidet. Vulnerabilität wird reziprok verstanden, sie schliesst ein, dass wir andere verletzen und an ihnen schuldig werden. Gerade weil sie auf die unhintergehbar gleiche Würde aller Personen und die Gattungswürde alles Geschöpflichen bezogen ist, kommt theologische Ethik nicht um die Einsicht herum, dass es menschliche Freiheit nicht ohne Schuld gibt.[16] Eine theologisch bestimmte Ethik rechnet mit der Schuldhaftigkeit des Menschen und mit der Möglichkeit des Neuanfangs, mit Sünde und Vergebung. Sie geht davon aus, dass der Mensch mehr ist als die Summe seiner Taten und seiner Untaten. Diese Einsicht bringt sie in das Nachdenken über die Würde des Menschen ein.

Wie für jede Ethik ist es auch für eine theologisch bestimmte Ethik wichtig, den Menschen als das zur Freiheit bestimmte Wesen anzusehen. Ebenso wichtig wie die Einsicht, dass der Mensch seine Freiheit verfehlen und im Gebrauch seiner Freiheit irren kann, ist die andere Einsicht, dass die Freiheit jedes Einzelnen eine endliche, durch die Grenzen von Leben und Tod sowie durch jeweils konkrete Lebensbedingungen, individuelle Fähigkeiten und sich bietende Gelegenheiten bestimmte Freiheit ist. Die faktische Ungleichheit des Zugangs zur Freiheit betrachtet theologische Ethik mit dem Blick von unten und mit einer vorrangigen Option für die Benachteiligten. Deshalb gehört in einer theologischen Perspektive die Verpflichtung gegenüber Menschen, die uns nahestehen und für die wir deshalb eine besondere Verantwortung haben (die Sorge für uns selbst eingeschlossen), und die Zuwendung zu Benachteiligten, zu denen wir nicht in einer individuellen Verantwortungsbeziehung stehen, zusammen.

Auf eine solche Weise verknüpft eine theologisch bestimmte Ethik Gründe der Vernunft mit Motiven des Glaubens, verbindet die Selbstsorge des Menschen und seine Fürsorge für die Allernächsten mit dem Eintreten für die fernen Nächsten und beteiligt sich an der Veränderung von Verhält-

---

16 M. Theunissen, Freiheit und Schuld – Freiheit und Sünde, in: Heinrich Bedford-Strohm u. a. (Hg.), Freiheit verantworten. Festschrift für Wolfgang Huber, Gütersloh 2002, 343–356.

nissen, die Menschen von einem Leben in verantworteter Freiheit ausschliessen – in der Hoffnung auf ein Reich Gottes, in dem es keine derartigen Exklusionen mehr geben wird. Sie bekräftigt die Hoffnung auf mögliche Veränderungen gerade dadurch, indem sie zwischen der gestaltungsoffenen Zukunft im Sinn des menschlichen *futurum* und der alles Gestalten ermöglichenden und vollendenden Zukunft des göttlichen *adventus* unterscheidet.[17]

Schon Arthur Rich, der Gründer des Instituts für Sozialethik in Zürich hatte dergleichen im Sinn, als er die Humanität aus Glauben, Liebe und Hoffnung zu der Perspektive erklärte, in der sich das spezifisch Christliche mit einem allgemeinmenschlichen Erfahrungshorizont verbinden kann. Eben daraus hat Rich die Zuversicht geschöpft, dass eine Humanität aus Glauben, Liebe und Hoffnung sich «auch dem vernehmbar machen» kann, «der überzeugungsmässig auf einem anderen Boden steht». Schon aus diesem Grund, aber ebenso um ihrer selbst willen, ist eine theologisch bestimmte Ethik dazu verpflichtet, sich an die «Bedingungen vernünftigen Denkens und Urteilens»[18] zu binden. Insofern hat schon Arthur Rich auf das hingedeutet, was sich als Ergebnis unserer Überlegungen festhalten lässt: Nicht in ihren Methoden, sondern in ihrem Verständnis des Menschen und der Humanität zeigt sich das Theologische an der theologischen Ethik.

---

17 U. Körtner, Evangelische Sozialethik. Grundlagen und Themenfelder, Göttingen 1999, 100.

18 A. Rich, Wirtschaftsethik. Grundlagen in theologischer Perspektive, Gütersloh 1984, 128.

Liebe, Freiheit und Verantwortung

Grundzüge evangelischer Ethik

Ulrich H. J. Körtner

1. Evangelium und Ethik

Was ist das Evangelische an einer evangelischen Ethik, und inwiefern reicht eine evangelische Ethik über eine blosse Gruppenmoral oder Sonderethik protestantischer Kirchen hinaus? Inwiefern kann eine evangelische Ethik einen Anspruch auf Verallgemeinerungsfähigkeit erheben, einen Geltungsanspruch, im allgemeinen ethischen Diskurs Gehör zu finden? Um diese Fragen sinnvoll bearbeiten zu können, ist zunächst zwischen Ethik und Ethos bzw. Moral zu unterscheiden.[1] Während Ethos oder Moral – ich verwende die Begriffe hier synonym – die sittliche Grundorientierung menschlicher Lebensführung sowie die Verhaltensnormen einer Gesellschaft oder einer Gemeinschaft bezeichnet, ist unter Ethik eine Theorie der Moral bzw. des Ethos zu verstehen. Von einer rein deskriptiven Ethosforschung oder einer Moralsoziologie unterscheidet sich Ethik, da sie selbstreflexive Theorie der Moral ist.[2] Als selbstreflexive Theorie der Moral ist Ethik aber nicht moralfrei, sondern selbst moralhaltig. Sie verfährt also nicht nur deskriptiv-hermeneutisch,[3] sondern argumentiert auch normativ. Dementsprechend ist unsere Ausgangsfrage zu präzisieren: es ist einerseits nach der Möglichkeit eines spezifisch christlichen bzw. evangelischen Ethos und andererseits nach der Möglichkeit oder Notwendigkeit einer spezifisch christlich-theologischen bzw. evangelischen Ethik zu fragen.[4]

---

1 Die folgenden Passagen sind entnommen aus: U. Körtner, Was ist das Evangelische an der evangelischen Ethik? Begriff und Begründungsprobleme evangelischer Ethik im ökumenischen Kontext, in: ders. (Hg.), Christliche Ethik – evangelische Ethik? Das Ethische im Konflikt der Interpretationen, Neukirchen-Vluyn 2004, 91–115. Sie finden sich auch in: U. Körtner, In der Lehre getrennt, im Handeln geeint? Chancen und Grenzen ökumenischer Sozialethik, in: F. Nüssel (Hg.), Theologische Ethik der Gegenwart. Ein Überblick über zentrale Ansätze und Themen, Tübingen 2009, 271–294.

2 Vgl. N. Luhmann, Ethik als Reflexionstheorie der Moral, in: ders., Gesellschaftsstruktur und Semantik. Studien zur Wissenssoziologie, Bd. 3, Frankfurt a. M. 1993, 358–447.

3 So z. B. J. Fischer, Bioethik in theologischer Perspektive, in: ders., Medizin- und bioethische Perspektiven. Beiträge zur Urteilsbildung im Bereich von Medizin und Biologie, Zürich 2002, 77–104.

4 Zur Einführung in die Diskussion siehe H. G. Ulrich (Hg.), Evangelische Ethik. Diskussionsbeiträge zu ihrer Grundlegung und ihren Aufgaben, München 1990.

Im Anschluss an Friedrich Schleiermacher lässt sich argumentieren, dass es ein spezifisch christliches Ethos gibt, sodass die Eigenart theologischer Ethik in ihrer Bindung an dieses Ethos begründet ist.[5] In jüngster Zeit wird eine vergleichbare Konzeption vor allem von Johannes Fischer vertreten. So wie es christliche Theologie gibt, weil es den christlichen Glauben gibt, gibt es nach Fischers Auffassung auch «so etwas wie ‹theologische Ethik›»[6], weil es faktisch ein unterscheidbar christliches Ethos gibt. Folgt man dieser Konzeption, ist das Unternehmen einer *evangelisch*-theologischen Ethik dann begründet, wenn mit der Existenz eines spezifisch evangelischen Ethos gerechnet werden kann. Davon ist auszugehen, wie aus Ernst Troeltschs klassischer Darstellung der Soziallehren der christlichen Kirchen und Gruppen zu lernen ist.[7] Auch heute ist mit solch einem gelebten Ethos zu rechnen: sein Profil in der pluralistischen Gesellschaft von heute ist jedoch weitaus schwieriger zu charakterisieren als noch zu Zeiten Troeltschs, hat doch in gewisser Hinsicht eine Protestantisierung auch der übrigen Konfessionen stattgefunden.[8]

Um nun aber den Begriff eines evangelischen Ethos bzw. denjenigen einer evangelisch-theologischen Ethik bestimmen zu können, müssen wir in einem weiteren Gedankenschritt zwischen «evangelisch» und «protestantisch» bzw. zwischen einem deskriptiv-konfessionskundlichen und einem systematisch-normativen Begriff des Evangelischen unterscheiden. Evangelische Sozialethik ist zunächst eine deskriptiv-analytische Beschreibung der Soziallehren aller evangelischen bzw. protestantischen Kirchen und Gruppen. Freilich kommt auch ein deskriptiv-hermeneutisches Verständnis von theologischer Ethik um die Problematik normativer Gehalte der von ihr verwendeten Beschreibungskategorien nicht herum, weil man in jedem Fall ein gehaltvolles Vorverständnis des zu interpretierenden Phänomens voraussetzen muss. In diesem Sinne ist auch die Frage nach dem Evangelischen evangelischer Ethik bzw. nach dem evangelischen Charakter eines evangelischen Ethos zu verstehen.

---

5 Vgl. F. Schleiermacher, Die christliche Sitte nach den Grundsätzen der evangelischen Kirche im Zusammenhange dargestellt, hg. von L. Jonas, Berlin 1884.

6 Fischer, Bioethik, 78f. Zu seiner Ethikkonzeption vgl. auch J. Fischer, Theologische Ethik. Grundwissen und Orientierung, Stuttgart 2002.

7 Vgl. E. Troeltsch, Die Soziallehren der christlichen Kirchen und Gruppen, GS 1, (1912, ^{3}1923), Tübingen 1994. Siehe ausserdem T. Jähnichen, Geschichte der sozialen Ideen im deutschen Protestantismus, in: H. Grebing (Hg.), Geschichte der sozialen Ideen in Deutschland. Sozialismus – Katholische Soziallehre – Protestantische Sozialethik, Essen 2000, 867–1103; U. Körtner, Grundzüge und Traditionen evangelischer Sozialethik, in: I. Gabriel, A. K. Papaderos, U. Körtner, Perspektiven Ökumenischer Sozialethik. Der Auftrag der Kirchen im grösseren Europa, Ostfildern ^{2}2006, 227–292. 316–21.

8 Vgl. P. L. Berger, Der Zwang zur Häresie. Religion in der pluralistischen Gesellschaft, Frankfurt a. M. 1980.

Ein systematisch-normativer Begriff des Evangelischen benennt nun nicht etwa ein kontroverstheologisches Kriterium für die Unterscheidung zwischen verschiedenen konfessionell gebundenen Typen theologischer Ethik, sondern bezeichnet im Gegenteil ein grundlegendes Kriterium theologischer Ethik überhaupt. Das Evangelische ist nämlich nichts Anderes als das Evangeliumsgemässe und als solches keineswegs auf den Bereich protestantischer Theologie beschränkt. Ja es kann hier bisweilen sogar fehlen oder verdunkelt werden, während es in Ethikkonzeptionen anderer konfessioneller Provenienz zum Tragen kommt. So wie seinerzeit Karl Barth in seiner Basler Abschiedsvorlesung 1962 lapidar erklärte, alle gute Theologie sei recht verstanden evangelische Theologie,[9] so lässt sich auch – und zwar durchaus protestantismuskritisch! – argumentieren, dass alle theologische Ethik evangelische, nämlich evangeliumsgemässe Ethik zu sein hat.

Das Evangelische im Sinne des Evangeliumsgemässen lässt sich nun aber nicht gegen das Anliegen einer ökumenischen Ethik ausspielen, sondern muss gerade im ökumenisch-theologischen Dialog immer wieder neu bestimmt werden. So soll nun im Folgenden die Frage nach dem Evangelischen eines evangelischen Ethos und einer evangelischen Ethik in ökumenischer Ausrichtung gestellt werden. Mit dem Begriff des Evangeliumsgemässen wird nicht nur das entscheidende Kriterium benannt, sondern auch nach der Identität des christlichen Ethos und seiner selbstreflexiven theologischen Theorie in der Pluralität und den Gegensätzen der Kirchen und Konfessionen gefragt.

2. Rechtfertigung und Ethik

Der Inhalt des Evangeliums ist nach reformatorischem Verständnis die Rechtfertigung der Gottlosen allein durch den Glauben. Abgewiesen ist damit jeder Versuch einer ethischen Theologie, welche Orthopraxie in Antithese zur Orthodoxie fordert und die Rechtfertigung Gottes wie des Menschen dem Handeln des Menschen aufbürdet. Das heisst freilich nicht, dass darum das Anliegen einer ethischen Theologie an sich bestritten würde. Der wichtigste Entwurf einer ethischen Theologie stammt in jüngerer Zeit von Trutz Rendtorff.[10] Ich möchte sein Anliegen auf meine Weise aufnehmen, wobei ich unter ethischer Theologie eine *kritische* Theorie der durch die Gottesrelation bestimmten menschlichen Lebensführung verstehe. Das bedarf einer näheren Erläuterung.

---

9 Vgl. K. Barth, Einführung in die evangelische Theologie, Gütersloh ^{3}1980, 10f.

10 Zu Rendtorffs Konzeption einer ethischen Theologie und seiner Theorie des Christentums siehe M. Laube, Theologie und neuzeitliches Christentum. Studien zu Genese und Profil der Christentumstheorie Trutz Rendtorffs, Tübingen 2006; S. Atze, Ethik als Steigerungsform von Theologie?, Berlin/New York 2008.

Einerseits hat die neuzeitliche Autonomie eine ungeheure Aufwertung der Ethik bewirkt, wodurch die Bedeutung und der Wirklichkeitsbezug der paulinisch-reformatorischen Rechtfertigungslehre zunehmend fragwürdig geworden sind. Andererseits aber lenken die Aporien des neuzeitlichen Autonomieverständnisses zur Frage nach der Rechtfertigung des Menschen allein aus Gnaden durch den Glauben an den sich selbst und den Menschen rechtfertigenden Gott zurück. Man wird also sagen müssen, dass die Frage nach der Ethik die spezifisch neuzeitliche Frage nach der Rechtfertigung des Menschen ist. Die Frage nach der Rechtfertigung des Menschen in ihrer neuzeitlichen Gestalt einer theologischen Antwort zuzuführen, ist die Aufgabe einer ethischen Theologie als kritischer Theorie, die voraussetzt, dass die Grundfragen der Ethik über die Ethik hinausweisen und einer eigenständigen theologischen Reflexion bedürfen.

Ethische Theologie als umfassende Theorie der durch die Gottesrelation bestimmten menschlichen Lebensführung kann freilich nicht darin bestehen, den theologischen Begriff des Ethischen fraglos von einem der zahlreichen philosophischen Entwürfe von Ethik abzuleiten. Ebenso wie die spätmittelalterliche Frage nach dem gnädigen Gott kann vielmehr auch die Grundfrage der neuzeitlichen Ethik nach dem guten Leben nur so beantwortet werden, dass sie von der Rechtfertigungslehre her überwunden bzw. korrigiert und fundamental neu formuliert wird. Dies aber kann nur gelingen, wenn Dogmatik und theologische Ethik nicht auseinandergerissen oder als vermeintlich vormoderne und moderne Gestalt von Theologie gegeneinander ausgespielt werden.[11]

Das Ziel einer ethischen Theologie, welche die mit der neuzeitlichen Frage nach der Ethik gegebene Frage nach der Rechtfertigung des Menschen beantworten soll, kann nicht darin bestehen, die Theologie in Anthropologie und Ethik aufzulösen. Sie wird also gerade nicht versuchen, apologetisch «Gott am Problem des ethischen Aufschwungs zu verifizieren»[12]. Eine Theorie der menschlichen Lebensführung ist die Theologie insofern, als sie eine Lebensführung, die von der permanenten Selbstmächtigkeit des Menschen ausgeht, wie auch die moderne Idee des gelingenden Lebens radikal dekonstruiert.

Von «Lebensführung» lässt sich mit Johannes Fischer allerdings dann theologisch verantwortbar sprechen, wenn die für den christlichen Glauben und seine Anthropologie grundlegende Erfahrung menschlicher Grundpassivität und Rezeptivität mitbedacht wird. «Lebensführung ist dann immer auch ein *Geführt-Werden*, oder besser: Sie ist ein Sich-führen-Lassen, das sowohl ein

---

11 Vgl. T. Rendtorff, Ethik, Bd. 1, Stuttgart ^{2}1990, 43f.

12 W. Mostert, Ist die Frage nach der Existenz Gottes wirklich radikaler als die Frage nach dem gnädigen Gott?, ZThK 74, 1977, 86–122, 116f.

passivisches Moment wie ein Moment der Eigenverantwortung enthält.»[13] In diesem Sinne hat Dietrich Bonhoeffer die Dialektik von Widerstand und Ergebung beschrieben und die Frage gestellt, wie sich in den Kontingenzen des Lebens und des Schicksals das Du Gottes und seine Führung finden lassen.[14] Das aber bedeutet, dass die Ethik auch die Grenzen menschlicher Handlungsmöglichkeiten und aktiver, bewusster Lebensführung, und somit auch die Grenzen des Ethischen, stets mitzubedenken hat.

Ethische Theologie lässt sich aber auch als Handlungstheorie bestimmen, da sie nicht nur den Begriff der Lebensführung, sondern auch denjenigen der Handlung theologisch kritisch reflektiert. Vom reformatorischen Gedanken der Rechtfertigung her ist nämlich auch die Hinlänglichkeit des Handelns für eine wirklichkeitsgerechte Beschreibung menschlicher Existenz zu bestreiten, insofern der Mensch sein Dasein nicht durch sein eigenes Handeln hervorbringen und auch die Grundbedingungen seiner weiteren Existenz – Anerkennung, Liebe, Vergebung – nicht durch eigenes Tun sicherstellen kann. Eine theologische Handlungstheorie im Sinne der Rechtfertigungslehre weist sich dadurch aus, dass sie die Fragestellung philosophischer Handlungstheorien umkehrt: Die Frage nach dem Menschen als Handlungssubjekt und damit Gegenstand der Ethik findet ihre angemessene Antwort erst dann, wenn sie überführt wird in die Frage nach dem Handeln Gottes.[15] Der entscheidende Aspekt der Rechtfertigungslehre für eine ethische Theologie besteht in der Einsicht, dass sich der Mensch als handelndes Subjekt nur vom Handeln Gottes her verstehen kann, dessen Objekt er ist. Die Rede vom sich selbst und den Menschen rechtfertigenden Gott ist Rede vom Handeln Gottes am Menschen und der Welt. Sie eröffnet ein spezifisch theologisches Verständnis von Freiheit, welche die Grundbedingung allen Handelns ist.

Als Handlungstheorie kann die in der Rechtfertigungslehre begründete theologische Ethik nur insofern gelten, als mit dem Handlungsbegriff auch das vorgängige Verständnis von Ethik der Kritik unterzogen wird. Es zeigt sich dann, dass die Ethik der Rechtfertigungslehre nicht so sehr eine solche des Tuns als vielmehr des Lassens ist. Plakativ lautet das Motto einer an der Rechtfertigungslehre gewonnenen Ethik des Sein-Lassens in Umkehrung des Satzes aus Jakobus 1,22: Seid aber Hörer des Wortes und nicht Täter allein,

---

13 Fischer, Theologische Ethik, 136. Vgl. dazu auch das Wort des Auferstandenen an Petrus in Joh 21,18 und den Bericht des evangelischen Theologen Helmut Gollwitzer über seine Kriegsgefangenschaft: H. Gollwitzer, «... und führen, wohin du nicht willst». Bericht eines Gefangenen, München ^{3}1952.

14 Vgl. D. Bonhoeffer, Widerstand und Ergebung. Briefe und Aufzeichnungen aus der Haft, hg. von Chr. Gremmels, E. Bethge und R. Bethge in Zusammenarbeit mit I. Tödt (DBW 8), Gütersloh 1998, 333f.

15 Zum dogmatischen Gehalt der Rede vom Handeln Gottes vgl. U. Körtner, Der verborgene Gott. Zur Gotteslehre, Neukirchen-Vluyn 2000, 117ff.

wodurch ihr euch selbst betrügt! Das Evangelium als Rede vom Handeln des rechtfertigenden Gottes beschreibt den Menschen, und zwar gerade den zum Handeln aufgerufenen, als rezeptives Geschöpf Gottes, das sein Leben wie Gottes Gnade nur von Gott allein empfangen kann. Die Lebensform aber, in der die Rezeptivität des Menschen ausdrücklich wird, ist das Hören.[16] Der gläubige Mensch ist ganz Ohr. Das Hören des Wortes Gottes ist allerdings ebenso wenig gegen das menschliche Tun auszuspielen wie umgekehrt, doch liegt nach biblischer Auffassung ein eindeutiges Gefälle vom Hören zum Tun vor, so dass dem Hören theologisch der Primat zukommt.[17]

Das Hören des Wortes Gottes aber weist ein in eine Ethik des Lassens, die Gott Gott und die Mitmenschen sie selbst sein lässt, statt über sie und die Welt eigenmächtig verfügen zu wollen. Das ethische Grundproblem ist, wie Mostert zutreffend schreibt, «weniger im Engagement als in der Distanznahme zum andern zu sehen, der aus dem Zugriff des Subjekts befreit werden muss»[18]. Die Anerkennung des Anderen, die ihm das Seine zukommen lassen will und auf sein Wohlergehen bedacht ist, drückt sich in einer theologisch reflektierten Zurückhaltung aus. Es kommt eben keineswegs darauf an, mit Marx gesprochen, die Welt oder unsere Mitmenschen nach unseren Vorstellungen zu verändern oder zu verbessern, sondern darauf, sie zu verschonen. Den Anderen und die Schöpfung sein zu lassen, schliesst freilich das tätige Wohlwollen ein, das jedoch immer wieder in die Gefahr geraten kann, den Mitmenschen paternalistisch zu bevormunden. Eine aus der Rechtfertigung begründete Ethik ist daher immer auch eine Ethik der Selbstbegrenzung des handelnden Subjekts.

3. Rechtfertigung und Verantwortung

Christliche Ethik aus evangelischer Perspektive ist grundsätzlich eine vom Geist der Liebe bestimmte Form der Verantwortungsethik.[19] Der Verantwortungsbegriff als solcher kann freilich kein hinreichendes Prinzip theologischer Ethik sein, weil Liebe, wie noch genauer zu zeigen sein wird, das Phänomen des Moralischen transzendiert. Theologische Ethik ist vielmehr eine Form in-

---

16 H. Weder, Neutestamentliche Hermeneutik, Zürich 1986, 150: «Hören […] stellt die Lebensform der Rezeptivität überhaupt dar.» Vgl. dort auch 145ff. Siehe ferner Mostert, Frage, 120f.; A. Peters, Rechtfertigung, Gütersloh 1984, 205.

17 Siehe Röm 10,17!

18 Mostert, Frage, 119.

19 Vgl. U. Körtner, Evangelische Sozialethik. Grundlagen und Themenfelder, Göttingen ^{3}2012.

tegrativer Ethik, welche die Ansätze einer pflichtenethischen und einer strebensethischen Moraltheorie bzw. die Aspekte einer Pflichtenethik, einer Güterlehre und einer Tugendethik spannungsvoll verbindet.[20]

Die evangelische Sicht von Verantwortung hängt unmittelbar mit der Rechtfertigung des Sünders allein durch den Glauben zusammen. Auf ihr beruht die Unterscheidung von Person und Werk, die vom Zwang der Selbstrechtfertigung befreit – und gerade so befähigt, Verantwortung zu übernehmen. Die Wahrnehmung und Übernahme von Verantwortung geschieht nicht nur im Wissen darum, dass Menschen scheitern können, sondern auch im Vertrauen darauf, dass uns vergeben wird. Verantwortung ist nicht nur *aus* dem Geist der Liebe und der Freiheit zu übernehmen. Sie ist auch *im* Geist der Freiheit auszuüben, um gerade so dem Spannungsfeld von Autonomie und Abhängigkeit, von Spontaneität und menschlicher Grundpassivität gerecht zu werden, die im Evangelium von der zuvorkommenden und den Menschen ohne Werke rechtfertigenden Gnade Gottes zum Thema wird.

Als ethischer Terminus ermöglicht der Begriff der Verantwortung eine umfassende Bestimmung der ethischen Grundsituation. Seit Kant sieht eine am Begriff der Pflicht bzw. der Autonomie orientierte Gesinnungsethik das ethische Subjekt nach Analogie eines Gesetzgebers. Der sogenannte kategorische, d. h. unbedingt und in jeder denkbaren Entscheidungssituation gültige Imperativ lautet in seiner ersten Fassung: «Handle nur nach derjenigen Maxime, durch die du zugleich wollen kannst, dass sie ein allgemeines Gesetz werde.»[21] Demgegenüber charakterisiert eine Verantwortungsethik die ethische Grundsituation als eine *forensische* oder – abgeschwächter formuliert – als eine *dialogische*. Auch dort, wo der religiöse Hintergrund des Verantwortungsbegriffs verblasst ist, bleiben seine forensischen Konnotationen virulent. Denn alles moralische Handeln und Urteilen setzt die *Unbedingtheit* ethischer Forderungen voraus, deren Missachtung als schuldhafte Verfehlung betrachtet wird, und die Problematik von Schuld und Sühne bleibt auch dort virulent, wo nicht mit einem göttlichen Richter gerechnet wird.

Als forensischer Begriff steht die Verantwortung in Verbindung mit der Zurechnung (lat. *imputatio*). Häufig werden «Verantwortung» und «Zurechnung» synonym gebraucht. Der Begriff der Zurechnung macht zugleich klar, dass es sich bei jeder Form der Verantwortung um eine interpersonale, soziale Konstruktion handelt.

---

20 Vgl. a. a. O., 21. Zum Begriff einer integrativen Ethik siehe H. Krämer, Integrative Ethik, Frankfurt a. M. 1995; M. Endress (Hg.), Zur Grundlegung einer integrativen Ethik, Frankfurt a. M. 1995.

21 I. Kant, Grundlegung zur Metaphysik der Sitten, in: ders., Werke in 6 Bde.n, hg. von W. Weischedel, Bd. IV, Darmstadt 1983, 51.

Verantwortung als soziale Konstruktion entsteht, wenn jemandem Verantwortung übertragen, jemand zur Verantwortung gezogen wird oder bereit ist, Verantwortung für andere und gegenüber anderen zu übernehmen. Das Subjekt der Verantwortung wird grundsätzlich jedoch nicht allein durch seine Selbstwahl oder seinen Entschluss konstituiert, sondern durch Imputation, d. h. durch Zurechnung. Es findet sich also immer schon in Bezügen vor, die zu einem Verantwortungsverhältnis werden können. Es ist daher ein Vorzug des Verantwortungsbegriffs, dass er die fragwürdige Trennung von Individualethik und Sozialethik vermeidet und damit der Vergesellschaftung des Handelns in der heutigen Zeit Rechnung trägt.[22]

Ein weiterer Vorteil des Verantwortungsbegriffs besteht darin, dass er die Zukunftsdimension unseres Handelns zum ausdrücklichen Gegenstand ethischer Reflexion erhebt. Als forensischer Begriff bezog sich Verantwortung auf bereits begangene Handlungen und deren Folgen, als ethischer Begriff impliziert er auch die Notwendigkeit künftiger Rechenschaftspflicht. Verantwortliches Handeln aber besteht nicht in der Befolgung strikter Anweisungen oder Gebote, sondern lässt demjenigen, der Verantwortung übernimmt, Entscheidungsfreiheit und Gestaltungsräume. Verantwortung als ethisches Phänomen impliziert Autonomie und Selbstbestimmung des verantwortlichen Subjekts. Der Verantwortungsbegriff verbindet also Autonomie und Rechenschaftspflicht. Diese Verbindung kommt in der biblischen Tradition z. B. in Jesu Gleichnis von den anvertrauten Pfunden (Mt 25,14–30; Lk 19,11–27) zum Ausdruck.[23]

---

[22] Zu den gesellschaftlichen Rahmenbedingungen heutiger Ethik siehe auch J. Fischer, Leben aus dem Geist. Zur Grundlegung christlicher Ethik, Zürich 1994, 16ff., 65ff., 110ff. Im Folgenden wird der ethische Verantwortungsbegriff konsequenterweise sozialethisch und nicht nur personalethisch bestimmt, wie dies überwiegend bei H. Kress, in: ders., W. E. Müller, Verantwortungsethik heute. Grundlagen und Konkretionen einer Ethik der Person, Stuttgart 1997, 115ff. der Fall ist. Kress vertritt einen Ansatz von Verantwortungsethik als «Ethik der Person» bzw. als «Ethik personaler Verantwortung», wobei allerdings «Ethik der Person» als *genetivus subjectivus* wie als *genetivus objectivus* zu lesen ist. Die Person wird also einerseits als Subjekt der Verantwortung, ihr Schutz andererseits als Gegenstand der Verantwortung bestimmt (vgl. a. a. O., 160ff), womit doch auch bei Kress die sozialethische Dimension in den Blick kommt.

[23] Vgl. E. de Villiers, Perspektiven einer christlichen Verantwortungsethik, ZEE 51, 2007, 8–23, 20, der neben den forensischen Konnotationen des Verantwortungsbegriffs auch den Zusammenhang von Verantwortung und Berufung berücksichtigen möchte. Es sollte aber deutlich sein, dass der forensische Grundsinn des Verantwortungsbegriffs keineswegs zu einer einseitigen Betonung seiner retrospektiven Bedeu-

Eines der Hauptprobleme für die konsistente Begründung einer Verantwortungsethik ist nun freilich, welche Instanz einer noch ausstehenden Rechenschaft für die künftigen Folgen unseres gegenwärtigen oder erst beabsichtigten Tuns infrage kommt. In der christlichen Tradition tritt Gott als der Weltenrichter auf. Max Weber dagegen hat das verantwortungsethische Modell als Alternative zu einer religiös begründeten Ethik verstanden, die unter den Voraussetzungen der säkularen Gesellschaft keinen Anspruch auf Allgemeingültigkeit erheben könne. Auch sonst tritt die religiöse Dimension des Verantwortungsbegriffs in den Hintergrund.

Ob eine Verantwortungsethik gänzlich auf religiöse Begründung verzichten kann, ist strittig. Zwischen philosophischen Entwürfen einer Verantwortungsethik und der paulinisch-reformatorischen Rechtfertigungslehre besteht aber eine grundlegende Affinität, insofern auch die Rechtfertigungslehre das Sein des Menschen relational, d. h. konstitutiv in Bezügen, und seine konkrete Lebenssituation als eine forensische bestimmt. Im Anschluss an Luther charakterisiert Gerhard Ebeling die Struktur menschlichen Seins als «coram-Relation»[24]. Zusammengesetzt aus *con* und *os* meint das lateinische *coram* die Relation der Nähe, d. h. die Situation der Kommunikation, die durch das Gesicht, die Person eines Menschen bestimmt ist. Der Mensch existiert «von Angesicht zu Angesicht»[25]. Das gilt nicht nur für das Zusammensein mit den Mitmenschen, sondern auch für das Gottesverhältnis der Menschen. Die Rede vom Angesicht Gottes ist für die biblische Überlieferung ganz wesentlich.[26]

Theologische Ethik begreift den Menschen als Geschöpf Gottes. Sie verweist explizit auf Gott den Schöpfer, der als solcher das Recht hat, Rechenschaft zu fordern, und zwar für den Umgang mit seiner Schöpfung, d. h. mit den Mitgeschöpfen des ethischen Subjekts. Er stellt dem Handlungssubjekt retrospektiv wie vorausschauend die Frage: «Wo ist dein Bruder?» (Gen 4,9), und zwar gerade im Namen derer, die ihre eigene Stimme nicht mehr oder noch nicht erheben können. Zugleich aber thematisiert die Rede vom Schöpfer das uns allen und unserem Handeln immer schon zuvorkommende, aus diesem nicht abzuleitende Gute.

Christliche Ethik, namentlich eine solche in evangelischer Perspektive, hat allerdings ein besonderes Sensorium für die Ambivalenzen alles Ethischen. Diesseits des Sündenfalls, d. h. diesseits von Gut und Böse, ist nicht so sehr

---

tung führt, wie de Villiers meint. Wohl aber muss sich der Verantwortung Übernehmende seiner künftigen Rechenschaftspflicht bewusst sein, die im christlichen Kontext Thema der Eschatologie ist.

24 G. Ebeling, Dogmatik des christlichen Glaubens, Bd. 1, Tübingen ^{2}1982, 348ff.

25 Vgl. Ex 33,11; Dtn 34,10.

26 Siehe nur Gen 3,8; Num 6,25f.; Ps 51,13; Jes 54,8; Mt 18,10; 2Kor 4,6; Apk 22,4.

mit der Evidenz als vielmehr mit der Verborgenheit des Guten zu rechnen, welche die ethische Entscheidung im Einzelfall schwermacht.

Das hat im 20. Jahrhundert besonders der evangelische Theologe Dietrich Bonhoeffer betont. Er kritisiert die «Abstraktion des isolierten einzelnen Menschen, der sich nach einem ihm zur Verfügung stehenden absoluten Massstab unaufhörlich und ausschliesslich zwischen einem klar erkannten Guten und einem klar erkannten Bösen zu entscheiden hat»[27]. Jede konkrete ethische Entscheidung ist für Bonhoeffer ein Glaubenswagnis. Sie «fällt nicht mehr zwischen dem klar erkannten Guten und dem klar erkannten Bösen, sondern sie wird im Glauben gewagt angesichts der Verhüllung des Guten und des Bösen in der konkreten geschichtlichen Situation»[28].

Die konkrete geschichtliche Situation war für Bonhoeffer durch den Kampf gegen Nationalsozialismus, den Kirchenkampf im Dritten Reich und seine eigene Beteiligung am Widerstand gegen Hitler geprägt. Bonhoeffer charakterisiert die nationalsozialistische Ideologie und Gewaltherrschaft als die «grosse Maskerade des Bösen», die «alle ethischen Begriffe durcheinandergewirbelt» hat. «Dass das Böse in der Gestalt des Lichts, der Wohltat, des geschichtlich Notwendigen, des sozial Gerechten erscheint, ist für den aus unserer tradierten ethischen Begriffswelt Kommenden schlechthin verwirrend; für den Christen, der aus der Bibel lebt, ist es gerade die Bestätigung der abgründigen Bosheit des Bösen.»[29]

Verantwortliches Handeln im Sinne einer Verantwortungsethik, wie sie Bonhoeffer vertritt, versucht der konkreten geschichtlichen Situation gerecht zu werden. Es «liegt nicht von vornherein und ein für allemal fest, sondern es wird in der gegebenen Situation geboren.»[30] Das aber bedeutet: «Es muss beobachtet, abgewogen, gewertet werden, alles in der gefährlichen Freiheit des eigenen Selbst. Es muss durchaus in den Bereich der Relativitäten eingetreten werden, in das Zwielicht, das die geschichtliche Situation über Gut und Böse breitet. Das Bessere dem weniger Guten vorzuziehen, weil das ‹absolut Gute› gerade das Böse um so mehr hervorrufen kann, ist die oft notwendige Selbstbescheidung des verantwortlich Handelnden.»[31]

Der Beitrag der Theologie zur Begründung einer Verantwortungsethik erschöpft sich nicht darin, dass vage von der menschlichen Verantwortung für die Schöpfung gesprochen und das Postulat einer Schöpfungsethik aufgestellt

---

27 D. Bonhoeffer, Ethik, hg. von I. Tödt u. a. (DBW 6), Gütersloh ²1998, 218.

28 A. a. O., 220.

29 Bonhoeffer, Widerstand, 20. Das Zitat stammt aus dem Text «Nach zehn Jahren» aus dem Jahr 1943 (19–39).

30 Bonhoeffer, Ethik, 220.

31 A. a. O., 220f.

wird. Sein theologisches Profil gewinnt der Gedanke einer globalen Schöpfungsverantwortung erst, wenn das eigentümliche Verhältnis bedacht wird, das nach christlichem Verständnis zwischen dem Begriff der Verantwortung und demjenigen der Rechtfertigung besteht. Theologisch betrachtet liegt der Rechenschaftspflicht des ethischen Subjekts nämlich die Rechtfertigung, d. h. aber die Gerechtsprechung des Sünders durch den gnädigen Gott voraus. Die Rechtfertigung des Sünders bedeutet aber auch, dass dieser sich auf neue Weise als Geschöpf Gottes versteht. Das Ziel der Rechtfertigung ist ein neues Verständnis der menschlichen Geschöpflichkeit. Indem das gestörte Verhältnis zu Gott wiederhergestellt wird, gewinnt der Mensch auch ein neues Verhältnis zur Natur, die ihm nun als Schöpfung aufgeht. Darin besteht der schöpfungstheologische Sinn der Aussage von Paulus im zweiten Brief an die Korinther 5,17: «Wenn also jemand in Christus ist, dann ist das neue Schöpfung.» Die rechtfertigungstheologische Konsequenz aus diesem Sachverhalt hat vor allem Martin Luther in seiner Erklärung zum 1. Artikel des Glaubensbekenntnisses gezogen.[32] Der Glaube an den Schöpfer wird in diesem Text als Bekenntnis zur eigenen Geschöpflichkeit formuliert, das Handeln des Schöpfers an seinem Geschöpf als Weise seiner bedingungslosen, unverdienten Gnade, d. h. als Zeichen der Rechtfertigung des Sünders.

Das philosophische Argument, wonach personale Anerkennung bzw. Achtung der Grund von Moral ist, hat seine theologische Pointe darin, dass aller zwischenmenschlichen Anerkennung das Anerkanntsein der Person – und zwar auch derjenigen, die eigentlich das Recht auf Anerkennung schuldhaft verwirkt hat – durch Gott vorausgeht. Hieraus folgt, dass die Würde der Person und ihre Freiheit *unbedingt* zu achten sind. Wenn das Daseinsrecht des Einzelnen theologisch verstanden in der Rechtfertigung des Gottlosen gründet, kann es zwischenmenschlich nicht an moralische Bedingungen geknüpft werden. Vielmehr ist umgekehrt alle Moral an seiner Achtung zu bemessen.

Die Anerkennung des Sünders ist nun aber nicht ein blosses Postulat, sondern eine im Glauben erfahrbare Wirklichkeit, eindrücklich in den Paulusbriefen dargelegt, auf die sich spätere Formulierungen der Rechtfertigungslehre berufen haben. Es verhält sich nicht so, wie etwa Trutz Rendtorff in seinem Entwurf einer «ethischen Theologie» unterstellt, dass die theologische Rechtfertigungslehre in besonderer Weise die der moralischen Verantwortung korrespondierende Realität von Schuld in der Weise thematisiert, dass die notwendige Anerkenntnis von Schuld «die Antizipation der Vergebung von Schuld» ist.[33] In der Schuldanerkenntnis ist die Vergebung der Schuld nicht bereits impliziert, sondern diese muss real vermittelt werden. Das geschieht

---

32 M. Luther, Kleiner Katechismus (1529), BSLK, 510f.

33 Rendtorff, Ethik, 83.

im Zuspruch des Evangeliums. In der Kommunikation des Evangeliums wird die Rechenschaft fordernde Instanz zugleich als diejenige erfahren, welche die Schuld vergibt. Der die Ethik transzendierende Zuspruch der Sündenvergebung wirkt wiederum auf die Ethik zurück, insofern nämlich die Anerkenntnis der Schuldhaftigkeit und Widersprüchlichkeit menschlicher Existenz zur Absage an jeden ethischen Rigorismus führt.[34] Als an der Rechtfertigungslehre gewonnener Begriff transzendiert der Begriff der Verantwortung freilich deren ethischen Sinn. Er bezieht sich nicht allein auf die Zurechenbarkeit von Handlungen, sondern meint zugleich ein Sich-Überantworten im Sinne der Hingabe an Gott. Solches Sich-Überantworten führt nicht zur Selbst*losigkeit*, wohl aber zur Selbst*vergessenheit*, in der wir von einer Selbstsorge und Selbstbezüglichkeit befreit werden.

Ein grundlegendes Problem heutiger Sozialethik besteht darin, dass die herkömmliche Annahme, nach der die Person das organisierende Zentrum allen menschlichen Handelns ist, durch die Vergesellschaftung menschlichen Handelns in der funktional ausdifferenzierten Gesellschaft zunehmend ausser Kraft gesetzt wird.[35] Droht an diesem Sachverhalt jedes Konzept von Ethik als Theorie einer personal zentrierten Lebensführung zu scheitern, so lässt sich gegenläufig eine Tendenz zur Wiederkehr des totgesagten Subjekts als sozialem Konstrukt beobachten.[36] Die am Arbeitsmarkt geforderte hohe räumliche, zeitliche und funktionale Mobilität verleiht dem Individualismus eine neue ökonomische Basis. Dies bedeutet freilich auch, dass die persönliche Biographie eines Menschen immer mehr «das Doppelgesicht einer institutionenabhängigen Individuallage»[37] annimmt. Die Frage ist nun aber, ob sich Personalität nur institutionen*abhängig* oder auch institutionen*transzendent* wiedergewinnen lässt. Nur dann liesse sich Moral begründen.

Die Möglichkeit einer institutionentranszendenten Wiedergewinnung des ethischen Subjektes ist nun das Thema der Theologie, genauer gesagt der Soteriologie. Theologische Erkenntnistheorie ist soteriologisch und zugleich

---

[34] So mit Recht T. Rendtorff, Vom ethischen Sinn der Verantwortung, in: A. Hertz u. a. (Hg.), Handbuch der christlichen Ethik, Bd. 3, Freiburg/Gütersloh 1982, 117–129, 125ff.

[35] Vgl. W. Reese-Schäfer, Niklas Luhmann zur Einführung, Hamburg 1992, 119: «Auch die Person ist heute zerlegt und kommt als Ganzes höchstens noch im Theater vor.» Zur sich hieraus ergebenden theologischen Problematik siehe auch J. Fischer, Theologische Ethik und Christologie, ZThK 92, 1995, 481–516, 504f.

[36] Vgl. U. Beck, in: ders., Elisabeth Beck-Gernsheim, Das ganz normale Chaos der Liebe, Frankfurt a. M. 1990, 56ff.

[37] A. a. O., 60.

eine Theorie der *Freiheit*, ohne die es keine Verantwortung geben kann.[38] Die anthropologische Einsicht des Neuen Testaments besagt nicht einfach, dass der Mensch immer schon wesenhaft auf Gott bezogen ist und einzig kraft seiner Gottesrelation zur moralfähigen Person wird. Der reale Mensch ist nach biblischer Auffassung vielmehr immer einer, der seine endliche Freiheit verfehlt hat und nicht aus eigener Kraft wiedergewinnen kann, sondern zur Freiheit, die seine Bestimmung ist, allererst befreit werden muss (vgl. Gal 5,1). Von der Wiedergewinnung endlicher Freiheit und damit der moralfähigen Subjektivität handelt namentlich die paulinische Rechtfertigungslehre. Ihre Pointe besteht nicht etwa darin, eine vorgängige Struktur von Subjektivität religiös zu interpretieren, sondern darin, die konkret angesprochene Person im Rechtfertigungsgeschehen als einem Sprachgeschehen neu zu konstituieren (vgl. 2Kor 5,17). Grundsätzlich kann mögliches Subjekt von Verantwortung nur sein, wer sich zur Verantwortung gerufen weiss. Genau dies aber ereignet sich in der Rechtfertigung des Sünders, weil mit dem Freispruch von der Sünde gerade nicht die Entlastung von Verantwortung, sondern gerade der Ruf zu bewusster Verantwortungsübernahme verbunden ist. Die christliche Rechtfertigungslehre verweist damit auf eine Möglichkeit, wie das ethische Subjekt von Verantwortung, das durch die fortschreitende Vergesellschaftung unseres Handelns zu entschwinden droht, neu konstituiert werden kann.

4. Rechtfertigung und Freiheit

Letztlich ist die Lehre von der bedingungslosen Annahme und Rechtfertigung des Gottlosen nichts anderes als eine Freiheitslehre. Nach reformatorischem Verständnis sind Heilsgeschehen und Heilsgeschichte eine Geschichte der Freiheit, genauer gesagt, eine Geschichte der Befreiung. Im christlichen Heilsverständnis nimmt der Begriff der Freiheit eine Schlüsselstellung ein. «Im Begriff der Freiheit ist beides aufs engste miteinander verschlungen: die Sache der Reformation und das Problem, wie sie zum Gegenstand des Vermächtnisses werden kann.»[39]

Tatsächlich war die Reformation in vielfältiger Hinsicht eine Befreiungsbewegung, in der es ebenso um die Freiheit von klerikaler Bevormundung ging wie um politische und soziale Freiheiten. Die Aufklärung wertete die Reformation trotz aller Kritik als eine Entwicklungsstufe auf dem Weg zur Frei-

---

[38] Zu dieser theologischen Sicht der Krise neuzeitlicher Subjektivität und ihrer soteriologischen Überwindung vgl. auch I. U. Dalferth, Subjektivität und Glaube. Zur Problematik der theologischen Verwendung einer philosophischen Kategorie, NZSTh 36, 1994, 18–58, 50ff.

[39] G. Ebeling, Frei aus Glauben, Tübingen 1968, 9.

heit des Geistes und aus der selbstverschuldeten Unmündigkeit des Menschen. In ihr sah Hegel den Vorschein der «absoluten Religion», die zugleich eine Religion der Wahrheit und der Freiheit sei.[40] Allerdings deutete Hegel die Reformation lediglich als Etappe eines geistesgeschichtlichen Prozesses, an dessen Ende die Aufhebung der Religion in die Philosophie stehen würde, so dass die Reformation nach seinem Verständnis über sich hinaus wies. Der linke Flügel der Hegelschule deutete die Reformation als Vorstufe der bürgerlichen und dann der kommunistischen Revolution, deren Ziel ein utopisches Reich der Freiheit war. Auch die Befreiungstheologie des 20. und 21. Jahrhunderts begreift die Reformation und ihre Theologie als eine Form der politischen Theologie. Leonardo Boff würdigt den historischen Protestantismus als Förderer der bürgerlichen Freiheit, Luther als Befreier in der Kirche und Reformator in der Gesellschaft und sieht im Erbe der Reformation einen Faktor zur Befreiung der Unterdrückten in der Gegenwart.[41]

Ihr Zentrum hat das reformatorische Freiheitsverständnis nicht in kirchlichen oder politischen Freiheitsforderungen, sondern in der Rechtfertigungstheologie, wie sich vor allem an Luthers Freiheitslehre verdeutlichen lässt. Im Vergleich mit heutigen Freiheitsdiskursen fällt auf, dass für Luther die Frage, ob der Mensch frei oder unfrei ist, zu kurz greift, sofern sie Freiheit einfach mit Willensfreiheit gleichsetzt. Im Gegenteil hat die Freiheitserfahrung eines Christenmenschen die Unfreiheit des menschlichen Willens zur Voraussetzung. Diese aber ist nicht im Sinne eines ontologischen oder metaphysischen Determinismus zu verstehen, sondern als Resultat eines Freiheitsverlustes, der als Folge der Sünde gedeutet wird. Es sind konkrete Erfahrungen des Verlustes und der Gefährdung menschlicher Freiheit, die das theologisch-soteriologische Nachdenken über das Wesen menschlicher Freiheit motivieren. Freiheit kann nicht nur missbraucht, sie kann auch verspielt werden. Sie wird nicht aus neutraler Beobachterperspektive behauptet oder bestritten, sondern aus der Sicht des Glaubens bezeugt und zugesprochen. Es geht Luther nicht um eine formale Freiheitsbehauptung, sondern um existenziellen Freiheitsgewinn.

Unter Berufung auf Paulus vertritt Luther die These, dass der Mensch nur frei ist, sofern er zur Freiheit befreit wird (Gal 5,1). Wird das Heilsgeschehen als Befreiungsgeschehen gedeutet, setzt dies voraus, dass der Mensch von Hause aus unfrei ist. Im christlichen Kontext wird die menschliche Freiheit zunächst unter den Bedingungen ihres faktischen Verlustes thematisch, für den der Begriff der Sünde steht. Selbst dort, wo sich der Mensch frei in seinen

---

40 G. W. F. Hegel, Vorlesungen über die Philosophie der Religion, hg. von Ph. Marheineke (Werke XII), Berlin 1832, 167.

41 L. Boff, Und die Kirche ist Volk geworden. Ekklesiogenesis, Düsseldorf 1987, 201ff.

Entscheidungen und seiner Lebensführung wähnt, ist er nach reformatorischer Auffassung unfrei, weil er – bewusst oder unbewusst – in der Negation Gottes gefangen ist. Die reformatorische Rechtfertigungs- und Freiheitslehre hat als Kehrseite eine radikale Lehre von der Unfreiheit des Menschen, wie auch eine radikale Lehre von der Prädestination, d. h. der freien Gnadenwahl Gottes, die für Luther und Calvin, aber auch noch für den frühen Melanchthon das Fundament der Rechtfertigungslehre bildet.[42]

Wahre Freiheit besteht in der Befreiung des Menschen von seiner Sünde durch Gott – und das heisst im Sinne Luthers und der übrigen Reformatoren – in der Befreiung vom Unglauben. Dieser Befreiungsvorgang wird im Anschluss an Paulus als Rechtfertigungsgeschehen gedeutet. Der Mensch kann sich aus der selbstverschuldeten Unfreiheit der Sünde nicht selbst befreien, sondern einzig durch Gott befreit werden. Die solchermassen wiedergewonnene Freiheit bleibt unverfügbare Gnade. Weder ist sie noch wird sie ein natürliches Vermögen. Sie ist zugesprochene Freiheit, die einerseits extern bleibt und andererseits im Glauben, das heisst im Hören der befreienden Botschaft des Evangeliums, anzueignen ist. Dauerhaft wird diese Freiheit erst im Reich Gottes. Fragmentarische Freiheitserfahrungen sind der Grund für die eschatologische Hoffnung auf vollendete Freiheit.

In seiner Freiheitsschrift von 1520 hat nun Luther, sich hierfür wiederum auf Paulus berufend,[43] die Unterscheidung zwischen innerem und äusserem Menschen eingeführt. Die Dialektik von Freiheit und Knechtschaft bei Luther ist über lange Zeit so verstanden worden, als unterscheide der Reformator zwischen äusserer Heteronomie und innerer Autonomie. Die christliche Freiheit bliebe demnach auf die Innerlichkeit des Menschen beschränkt und würde sich durchaus mit einer ständischen Gesellschaftsordnung, einem Obrigkeitsstaat und autoritären Strukturen im Alltagsleben vertragen. Doch handelt es sich hierbei um ein Missverständnis, kann doch Luthers Freiheitsverständnis als kommunikative Freiheit interpretiert werden. Wolfgang Huber hat den Begriff der kommunikativen Freiheit, der im Zentrum seiner Konzeption von Verantwortungsethik steht, vom Philosophen Michael Theunissen übernommen und theologisch gewendet.[44] Als kommunikative Freiheit interpretiert Huber die Freiheit eines Christenmenschen im Sinne Luthers, die ihrerseits in der Kommunikationsgemeinschaft des dreieinigen und in Christus menschgewordenen Gottes mit dem Menschen gründet.

Weil der Mensch nur durch die Liebe im anderen zu sich selbst kommen kann, gehören nach Huber nicht nur Freiheit und Liebe sowie Freiheit und

---

42 Vgl. B. Hamm, Was ist reformatorische Rechtfertigungslehre?, ZThK 83, 1986, 1–38, 24.

43 Vgl. Röm 7,22.

44 Vgl. W. Huber, Folgen christlicher Freiheit. Ethik und Theorie der Kirche im Horizont der Barmer Theologischen Erklärung, Neukirchen-Vluyn ²1985.

Verantwortung, sondern auch Freiheit und Gerechtigkeit unlöslich zusammen. Da kommunikative Freiheit nicht auf Konkurrenz, sondern auf Teilhabe und Anerkennung aller zielt, legt Huber den Begriff der Gerechtigkeit als Teilhabe- oder Befähigungsgerechtigkeit aus,[45] die mit einer vorrangigen Option für die Armen verbunden ist.

Gegenstand der Sozialethik sind Formen des vergesellschafteten Handelns, d. h. eines Handelns, das nicht etwa spontan von einer Gruppe von Menschen durchgeführt wird, sondern in einer verstetigten und organisierten Weise stattfindet und überhaupt nur in solcher Form stattfinden kann. Kurz: Gegenstand der Sozialethik sind Institutionen und Organisationen vergesellschafteten Handelns und menschlicher Lebensführung. Wenn wir in reformatorischer Tradition den Zusammenhang von Rechtfertigung und Freiheit bedenken, lautet eine Kernfrage evangelischer Sozialethik, welche Institutionen kommunikative Freiheit ermöglichen und fördern oder aber verhindern und zugleich – im Sinne ihrer Selbstbegrenzung – die Unverfügbarkeit des Menschen und seiner Würde achten, für die der biblische Begriff der Gottebenbildlichkeit steht.

Institutionen kommunikativer Freiheit sind zugleich daran zu messen, inwieweit sie Gerechtigkeit, Teilhabegerechtigkeit und Verteilungsgerechtigkeit verwirklichen, ohne die kommunikative Freiheit nicht denkbar und realisierbar ist. Hier besteht wiederum ein unmittelbarer Zusammenhang zwischen Rechtfertigungslehre und Sozialethik, ist doch auch die Gerechtigkeit Gottes bei Paulus als Gemeinschaftstreue verstanden.[46] Und auch schon im Alten Testament erscheint Gottes Gerechtigkeit als Gemeinschaftstreue, zu der auch der Mensch aufgefordert wird im Sinn eines Rechtes der Barmherzigkeit.

Die Frage, inwieweit sie Institutionen der Freiheit und der Gerechtigkeit sind, richtet sich auch an Kirche und Diakonie. Während Trutz Rendtorff von der Kirche als Institution der Freiheit spricht, bevorzugt Huber die Formel von der Kirche als Raum und Anwalt der Freiheit,[47] weil die vorgegebene Ordnung der Kirche als solche noch nicht die tatsächliche Erfahrung der Freiheit verbürgen kann.[48] Institutionen sind nicht einfach vorgegebene Gestalten und Verwirklichungen menschlicher Freiheit, wie es bei Arnold Gehlen oder auch bei dem evangelischen Sozialethiker Ernst Wolf den Anschein hat.

---

[45] Vgl. W. Huber, Von der Freiheit. Perspektiven für eine solidarische Welt, München 2012, 115ff.

[46] Vgl. P. Stuhlmacher, Gerechtigkeit Gottes bei Paulus, Göttingen ^{2}1966, 46ff.113–141.

[47] Vgl. Huber, Von der Freiheit, 143ff.

[48] Vgl. a. a. O., 226, Anm. 18.

5. Freiheit und Liebe

Gewiss wird die theologische Begründung einer Ethik strittig bleiben. Doch ist zu fragen, ob nicht jede Ethik bewusst oder unbewusst von transmoralischen Voraussetzungen lebt. Christliches Ethos besteht im Kern darin, aus Liebe zu handeln, die das Phänomen des Ethischen und seine Konflikte transzendiert.

Der Begriff des Transmoralischen ist von Paul Tillich verwendet worden, um ein Gewissen zu bezeichnen, «das nicht aus Gehorsam gegenüber einem moralischen Gesetz urteilt, sondern auf Grund der Partizipation an einer Wirklichkeit, die den Bereich moralischer Gebote transzendiert. Ein transmoralisches Gewissen verleugnet nicht den moralischen Bereich, aber es wird durch die unerträglichen Spannungen in der Sphäre des Gesetzes darüber hinausgetrieben.»[49] Was aber das Gewissen über das Gesetz hinaustreibt, ist nach biblischem Zeugnis die Liebe, die das Gesetz als Struktur verantwortlichen Lebens zwar nicht verachtet, jedoch über dem Gesetz steht und sich zu ihm in Freiheit verhält.[50] Wir können hinzufügen, dass das Selbst- und Weltverständnis des Menschen, die Weise, wie er sein In-der-Welt-Sein versteht und sein Handeln in hohem Masse bestimmt, ohne doch selbst das Resultat moralischer Reflexion zu sein. Transmoralisch sind die letzten Gewissheiten, ohne welche Leben und Handeln nicht möglich sind, die aber unserem Tun und Lassen immer schon vorausgehen.[51]

Dass gerade die Liebe in diesem Sinne keine Norm, sondern eine transmoralische Orientierung unseres Handelns ist, verdeutlicht Johannes Fischer am Beispiel eines Mannes, der von mehreren Personen, die sich in einem brennenden Haus befinden, nur eine retten kann und sich für seine Frau entscheidet.[52] Er handelt in diesem Augenblick spontan aus Liebe. Im Nachhinein wird er seine Liebe als Motiv bzw. als Rechtfertigungsgrund für seine Handlungsweise anführen können. Sein Handeln ist aber nicht das Resultat einer kasuistischen Ableitung von einer allgemeinen moralischen Norm auf den konkreten Fall. Würde er sich zunächst die Frage stellen, warum er gerade seine Frau und nicht einen anderen der im brennenden Haus befindlichen Menschen retten soll, und würde er diese Frage aufgrund einer allgemeinen Regel beantworten – «Weil es moralisch geboten ist, in einer solchen Situation die Person vorzuziehen, der man in Liebe verbunden ist» –, dann würde er seine Frau zwar aufgrund einer am «Wert» der Liebe orientierten moralischen Erwägung retten, jedoch nicht aus Liebe.

---

[49] P. Tillich, Das religiöse Fundament moralischen Handelns, in: ders., Gesammelte Werke III, Stuttgart 1965, 13–83, 66.

[50] Vgl. a. a. O., 75.

[51] Vgl. auch J. Fischer, Über moralische und andere Gründe. Protestantische Einwürfe zu einer philosophischen Debatte, ZThK 95, 1998, 118–157.

[52] Fischer, Bioethik, 87.

«Wer in der Liebe bleibt» (1Joh 4,16b), entkommt damit jedoch nicht jedem ethischen Konflikt. Wie sollte sich z. B. der Mann entscheiden, wenn sich nicht nur seine Frau, sondern auch ihr gemeinsames Kind in dem brennenden Haus befände? Liebe ist zwar eine grundlegende Orientierung für unser Handeln, jedoch kein hinreichendes Kriterium in Konfliktlagen. Man kann auch aus Liebe oder aus Mitleid das Falsche tun oder sich sogar zu unmoralischen Handlungsweisen verleiten lassen. Daher kommt auch eine christliche Ethik nicht darum herum, nach verallgemeinerungsfähigen ethischen Normen und Regeln zu fragen.

Eine theologische Ethik, die sich an der Trias von Liebe, Freiheit und Verantwortung orientiert, schliesst eine ethische Theorie der Wahrnehmung ein.[53] Der Begriff der Wahrnehmung ist ethisch in seinem doppelten Wortsinn zu bedenken: Nur wenn Einzelne sich entschliessen, moralische Verantwortung zu übernehmen, wird diese überhaupt als Möglichkeit neu entdeckt und wahrgenommen. Die Wahrnehmung von Verantwortung im Sinne ihrer Übernahme setzt ihre Wahrnehmung im Sinne ihres Erkennens voraus.[54] Beispielhaft lässt sich dieser Zusammenhang am Gleichnis Jesu vom barmherzigen Samariter erkennen (Lk 10,25–37). Die Moral, die Jesus aus der Beispielgeschichte zieht: «Geh auch du und handle ebenso.» (Lk 10,37), ist als Anleitung zu einer entsprechenden Aufmerksamkeit und somit Schulung der ethischen Wahrnehmungsfähigkeit zu verstehen. Insofern besteht ein unmittelbarer Zusammenhang zwischen Ethik und Ästhetik,[55] die bei Sören Kierkegaard zu Unrecht einseitig in Opposition zueinander gesetzt werden. Die Beispielerzählung vom barmherzigen Samariter macht aber auch auf den Zusammenhang von Wahrnehmen und Verstehen aufmerksam. Die Frage des Schriftgelehrten in Lukas 10, wer denn sein Nächster sei, zeigt nämlich, dass jede sogenannte angewandte Ethik auf hermeneutische Kompetenz angewiesen ist.[56] Theologische Ethik kann so – unbeschadet ihrer normativen Anteile – als eine deskriptiv-hermeneutische Ethik verstanden werden, die – durchaus

---

53 Vgl. dazu Körtner, Evangelische Sozialethik, 104f.

54 Vgl. dazu auch J. Fischer, Wahrnehmung als Aufgabe und Proprium christlicher Ethik, in: ders., Glaube als Erkenntnis. Zum Wahrnehmungscharakter des christlichen Glaubens, München 1989, 91–118, sowie B. Harbeck-Pingel, Ethische Wahrnehmung. Eine systematisch-theologische Skizze, Aachen 1998, der allerdings Ethik zu einseitig als Theorie der Lebensführung bestimmt.

55 Zum Zusammenhang von Ethik und Ästhetik vgl. auch G. Franck, Ökonomie der Aufmerksamkeit. Ein Entwurf, München 1998, 213–251; B. Recki, Ästhetik der Sitten. Die Affinität von ästhetischem Gefühl und praktischer Vernunft bei Kant, Frankfurt a. M. 2001.

56 Zur hermeneutischen Grundlegung angewandter Ethik siehe auch B. Irrgang, Praktische Ethik aus hermeneutischer Perspektive, Paderborn 1998.

im Sinne Rudolf Bultmanns – im Wechselspiel von Glauben und Verstehen ihr besonderes Profil hat.[57]

---

57 Vgl. dazu U. Körtner, Zur Einführung: Hermeneutik und Ästhetik. Zur Bedeutung einer theologischen Ästhetik für die Lehre vom Wort Gottes, in: ders. (Hg.), Hermeneutik und Ästhetik. Die Theologie des Wortes im multimedialen Zeitalter, Neukirchen-Vluyn 2001, 1–18, bes. 7ff.

Aufgaben und gegenwärtige Herausforderungen der Moraltheologie

Eberhard Schockenhoff

Der italienische Schriftsteller und Literaturwissenschaftler *Claudio Magris* erzählt in seinem Roman «Donau. Biographie eines Flusses» von einer Reise, die ihn von der Quelle bis zur Mündung dieses fast 3000 Kilometer langen Flusses zu zahlreichen kulturellen Stätten führte, an denen der Reisende von heute den Wurzeln der europäischen Kultur begegnen kann. In einem Prager Antiquariat stösst er auf zwei in lateinischer Sprache abgefasste Bände der *Ethica catholica* (*Generalis* und *Specialis*) des Doktor *Josepho Kachnik*, eines Professors für Moraltheologie an der Theologischen Fakultät von Ölmütz in Mähren, die im Jahr 1910 am selben Ort erschienen waren. Seine beim Durchblättern gewonnenen Leseeindrücke beschreibt Magris später mit folgenden Worten:

> «Bei dem Handbuch des Doktor Kachnik handelt es sich um einen Traktat, der ohne Anspruch auf Originalität, sondern nur mit der Absicht, die Lehre der Kirche darzulegen, sämtliche menschliche Handlungen umfasst, die Probleme, die sie aufwerfen, die Normen und Vorschriften, die dabei eingehalten werden müssen; er untersucht und klassifiziert die Freiheit und die Notwendigkeit des Handelns, die Ordnung und die Natur der menschlichen und religiösen Gesetze, die Pflichten und Ausnahmen, die Abweichungen und Gewohnheiten, die Umstände und die Leidenschaften, die Unterscheidungen zwischen den verschiedenen Sünden und Tugenden, die Kasuistik des Ehebruchs und die Phänomenologie der Betrunkenheit, die moralischen und gesellschaftlichen Werte, die Hindernisse, die mildernden und erschwerenden Umstände, die Phantasievorstellungen, die das Gewissen in Verwirrung stürzen können und die verfänglichen Selbsttäuschungen, mit denen das Gewissen sich selbst zu hintergehen trachtet.»[1]

Obwohl ihm der Verfasser dieses merkwürdigen Handbuchs von komischer Pedanterie und von einer naiven klerikalen Engstirnigkeit nicht ganz frei erschien, lobt Magris den psychologischen Scharfsinn, den dieser auf die Behandlung des skrupulösen Gewissens verwandte. Dieses war damals offensichtlich ein weitverbreitetes Phänomen. Jedenfalls erlaubt der Umfang, den das moraltheologische Handbuch der Schilderung dieser Abnormität der Gewissensentwicklung einräumte, einen solchen Rückschluss. So lebensfremd Magris die in dem Handbuch entwickelten Distinktionen zur Beschreibung

---

1 C. Magris, Donau. Biographie eines Flusses, München/Wien 1988, 277f.

einzelner Handlungen erschienen – wobei ihm auffiel, dass den sündhaften Akten eindeutig ein Übergewicht gegenüber den lobenswerten zukam – so überzeugend empfand er die praktischen Ratschläge, die den Beichtvätern für den Umgang mit überängstlichen Pönitenten gegeben wurden. Insbesondere ermahnt das Handbuch die Beichtväter, «mit jenen Überängstlichen geduldig, aber unnachgiebig gegenüber ihren Phobien zu sein, ihnen jene Festigkeit zu geben, deren sie bedürften, und sie daran zu hindern, sich an ihren obsessiven und selbstgefälligen Schuldgefühlen zu ergötzen und sich während der Beichte über alle ihre Grillen, Manien und vorgeblichen Sünden zu verbreiten, insbesondere, wenn es sich um Schändlichkeiten handelt»[2]. Aus einer grossen Vertrautheit mit den Tiefen und Untiefen der menschlichen Psyche heraus werden die Skrupulösen selbst aufgefordert, die Liebe zur Einsamkeit zu überwinden, die sie irrtümlich als Zeichen geistlichen Tiefganges ansehen und stattdessen Zerstreuung in Gespräch und Geselligkeit jeder Art zu suchen. Diese seien nämlich – für diese Lebensweisheit zitiert der Moraltheologe sogar Goethes Mephisto – die unerlässliche Grundlage dafür, zu sich selbst zu kommen.

Die Geschichte unseres Fachs reicht, was die Disziplinenbezeichnung *theologia moralis* anbelangt, bis ins 16. Jahrhundert zurück, der Sache nach ist es noch bedeutend älter. Insofern handelt es sich bei dem Handbuch von Dr. Joseph Kachnik um eine moraltheologische Publikation relativ jungen Datums. Dennoch bereitete mir die Vorstellung grosse Mühe, dass es sich bei dem mir bis dahin unbekannten Autor, auf dessen Werk ein Dichter unserer Tage zufällig gestossen war, um einen Vertreter derselben Disziplin handeln sollte, die ich im Jahr 2010 lehre, also gerade einmal ein Jahrhundert später. Bereits die Frage, was er denn tue, wenn er Moraltheologie treibe, wäre dem Verfasser des besagten Handbuchs sehr fremd erschienen. Die Selbstreflexion des eigenen Tuns ist ein modernes Phänomen, in dem sich die gegenwärtige Verunsicherung unseres Fachs widerspiegelt. Hätte Dr. Kachnik die Frage aber verstanden, so hätte seine Antwort wohl gelautet, er wolle durch sein moraltheologisches Handbuch die Beichtväter dazu befähigen, die Kunst der Seelenführung in einer Mischung von doktrinärer Zuverlässigkeit und pastoraler Milde auszuüben. Sein Handbuch sollte über die Beichtväter die Gewissen der Gläubigen erreichen und diese zum richtigen Handeln anleiten.

Eine ähnliche Antwort erhielt ich als junger Doktorand, als ich bei einem Empfang im Tübinger Theologenkonvikt dem damaligen päpstlichen Nuntius vorgestellt wurde: «Sie bereiten sich auf eine bedeutende Aufgabe vor», sagte er zu mir, «lehren Sie die Priesteramtskandidaten eine solide Moraltheologie, damit diese die Gläubigen in rechter Weise instruieren können, wie sie leben sollen.» Mit einem mahnenden Unterton in der Stimme fügte er das

---

2 A. a. O., 279.

lateinische Sprichwort hinzu: *parvus error in initio, magnus in fine*, ein kleiner Irrtum am Beginn führt am Ende zu weitreichenden Fehlern. Damit wollte er mir, so hatte ich den Eindruck, die besondere Verantwortung vor Augen führen, die auf mir als einem künftigen Moraltheologen ruhte, war ich doch nicht nur für mich selbst und mein eigenes Tun, sondern auch für das Handeln der Gläubigen rechenschaftspflichtig. Nur allzu leicht können diese durch falsche moraltheologische Lehrmeinungen auf Abwege geführt werden, die sie von sich aus nicht als solche durchschauen.

Angesichts der besorgten Ermahnungen des päpstlichen Nuntius musste ich damals innerlich lächeln, weil er mir den tatsächlichen Einfluss der Moraltheologie auf das Leben der Menschen bei Weitem zu überschätzen schien. Dennoch bewegte mich sein fast naiver Glaube, die moraltheologische Reflexion könne einen unmittelbaren Einfluss auf das Handeln der Gläubigen ausüben. Wenn ich heute in der Rückschau mein bisheriges Tun als Moraltheologe bedenke, glaube ich besser als damals verstehen zu können, warum die Ermahnung des Nuntius mich einerseits wegen ihrer aufrichtigen Sorge bewegte und andererseits wegen ihrer lebensfremden Naivität so ratlos machte. Nicht darin ist seiner Ansicht zu widersprechen, dass die Moraltheologie der Anleitung zu einem überzeugten und glaubwürdigen Christsein dienen soll. Doch beruht die Annahme auf einem schwerwiegenden Irrtum, dieses Ziel lasse sich auf rein doktrinärem Wege erreichen, indem wir die Menschen lehren, wie sie leben sollen. Genau genommen benötigt das hierarchische Instruktionsmodell allerdings eine weitere Zwischeninstanz: Danach belehrt die Moraltheologie zunächst die Priester und Seelsorger darüber, wie die Gläubigen leben sollen, damit diese dann von den Priestern und Seelsorgern darüber richtig unterwiesen werden können.

Dieser Auffassung liegt ein grundlegendes Missverständnis darüber zugrunde, wie sich Moraltheologie zum praktischen Lebensvollzug der Gläubigen verhält. Tatsächlich will sie deren eigenes Urteil nicht ersetzen, indem sie ihnen vorschreibt, wie sie handeln sollen, sondern sie zu eigener Einsicht befähigen. An die Stelle eines doktrinären Instruktionsmodells, das die Aufgabe der Moraltheologie als Belehrung über das sittlich richtige Handeln definiert, tritt ein maieutisches Verständnis der Ethik. Nach diesem Ansatz versteht sich die Moraltheologie als eine Art Hebammenkunst, die auf das eigene Urteilsvermögen der Gläubigen baut und diesen zu einem reflektierten Verständnis ihres eigenen Lebensentwurfs verhelfen möchte. Sie will ihre Adressaten zu eigener moralischer Erkenntnis führen und – bildlich gesprochen – den Geburtsvorgang eines autonomen, zu reflektierter eigener Erkenntnis fähigen Gewissens begleiten. Moraltheologie will praktisches Handlungswissen vermitteln, das dazu befähigt, aus innerer Einsicht in die Erfordernisse des eigenen Lebensentwurfs Handlungsgründe zu verstehen und eigenverantwortlich entsprechend dem als richtig Erkannten zu handeln. Sie will eine nur traditionell vermittelte, durch die selbstverständliche Teilnahme am kirchlichen Leben eingeübte Sittlichkeit, die der Konfrontation mit säkularen Gegenwelten und ihren Lebensformen meist nicht lange standhält, durch ein personal angeeignetes praktisches Handlungswissen aus selbständiger Urteilskompetenz ersetzen.

Eine erste Antwort auf die Frage, was ich tue, wenn ich Moraltheologie treibe, lautet daher: Ich versuche, die Studierenden, die meine Vorlesungen oder Seminare besuchen, zur eigenen Urteilsbildung an den Massstäben von Gut und Böse in den Fragen zu befähigen, die ihre persönliche Lebensführung oder ihr berufliches, gesellschaftliches und politisches Handeln aufwerfen. Mit anderen Worten: Ich will sie zum selbständigen Gebrauch ihrer praktischen Vernunft anleiten und zu einem selbstbewussten christlichen Leben in der säkularen Gesellschaft befähigen. Dies erfordert neben der freien Entschiedenheit für den eigenen Glauben ein waches Unterscheidungsvermögen, das die Zeichen der Zeit zu deuten vermag. Darunter versteht das Zweite Vatikanische Konzil keine oberflächliche Anpassung an gesellschaftliche Modetrends, sondern die Fähigkeit, in «zeitgemässer Unzeitgemässheit» die Herausforderungen und Konflikte der eigenen Gegenwart anzunehmen, ohne den Einseitigkeiten, Banalitäten und ideologischen Verzerrungen des jeweiligen «Zeitgeists» zu verfallen.

Um das Ziel zu erreichen, das mich bewegt, wenn ich Moraltheologie treibe, muss ich den Studierenden dieses Fachs zahlreiche theoretische Kenntnisse vermitteln. Sie sollen mit unterschiedlichen Stilformen der Ethik vertraut gemacht werden, normative Begründungstheorien kennenlernen, die eigene moraltheologische Lehrtradition verstehen und wichtige humanwissenschaftliche Einsichten nachvollziehen können. Diese Lernziele sollen ihnen ein besseres Verständnis der empirischen Grundlagen moralischer Phänomene – der Entstehung des Gewissens und seiner unterschiedlichen Formen, der Ausbildung menschlicher Identität, der Schuldfähigkeit des Menschen, der Reichweite seiner Willensfreiheit usw. – ermöglichen. Doch genügt die Vermittlung intellektueller Kompetenzen, so wichtig diese im akademischen Umfeld des universitären Lebens sind, noch nicht, um die eigentliche Zielsetzung der moraltheologischen Ausbildung künftiger Priester, Religionslehrer und Pastoralassistenten zu erreichen. Diese sollen ja nicht nur über ethische Theorien Bescheid wissen und die Fertigkeit besitzen, exemplarische Dilemma-Situationen in schwierigen Konflikten des Lebens zu lösen. Vielmehr möchte ich ihnen, wenn ich Moraltheologie treibe, ein tieferes Verständnis für den Sinnentwurf des christlichen Glaubens vermitteln und sie dazu befähigen, dessen normative Implikationen für das eigene Leben und Handeln besser zu begreifen. Dies kann nur gelingen, wenn darin, wie ich

Moraltheologie treibe, zugleich sichtbar wird, wie ich die Aufgabe der Theologie überhaupt verstehe. Um diese Frage zu beantworten, empfiehlt es sich, dem in der Einleitung vorgestellten Dreischritt zu folgen und zunächst zu erörtern, was Theologie als Wissenschaft im Raum der Universität bedeutet. Danach soll nach dem Sinn der Begriffe «Moral» und «moralisch» sowie der Zusammenführung beider in der Disziplinenbezeichnung «Moraltheologie» gefragt werden.

1. Was ist Theologie?

Theologie meint ihrer Wortbedeutung nach eine wissenschaftliche Darlegung der Glaubenslehre. Insofern sie Gottes Wirklichkeit als die alles bestimmende Macht im Leben und Handeln der Menschen erweist, ist Gott ihr Formalobjekt. Die Begriffszusammensetzung *logos thou theou* (= vernünftige Lehre von Gott) wird zunächst als *genitivus obiectivus* verstanden. Dass Gott Formalobjekt der Theologie ist, bedeutet: Diese betrachtet alle ihre Themen und Gegenstände nicht vom Menschen aus, sondern *sub ratione Dei*, insofern sie entweder Gott selbst – sein trinitarisches Leben, seine Menschwerdung in Jesus Christus und sein Handeln in der Welt – betreffen, oder auf ihn als den letzten Grund und das Ziel aller Wirklichkeit hingeordnet sind.[3] In diesem Sinn können auch das Handeln des Menschen und seine Lebensführung zum Thema der Theologie werden, insofern diese nämlich auf Gott als ihr letztes Ziel ausgerichtet sein sollen.

Die Theologie ist aber nicht im gleichen Sinn Rede über Gott als Ursprung und Ziel aller geschaffenen Wirklichkeit. Wie andere Wissenschaften, die sich auf ihren jeweiligen materialen Gegenstandsbereich beziehen, die Mathematik auf die Zahlen und die zwischen ihnen waltenden Verhältnisse, die Physik auf die äussere Natur und ihre Gesetzmässigkeiten, die Biologie auf die Erscheinungsformen des Lebendigen und die Literaturwissenschaft auf die verschiedenen Formen der Dichtkunst. Die Zusammensetzung *logos thou theou* muss vielmehr auch als *genitivus subiectivus* verstanden werden. In dieser Perspektive erscheint die Theologie als eine durch Gott selbst ermächtigte, in seiner Offenbarung begründete Rede, die zugleich Rede von Gott her (*genitivus subiectivus*) und Rede über Gott oder Rede in Bezug auf Gott (*genitivus obiectivus*) sein will.

Die Theologie wird daher auch als Glaubens- oder Offenbarungswissenschaft bezeichnet. Ihre eigene Sache, die Wirklichkeit Gottes, ist ihr nur im Glauben und aufgrund der Selbstauslegung Gottes in der biblischen Offenbarungsgeschichte zugänglich. Anders als die Religionswissenschaft, die religiöse Vorstellungen und Glaubensauffassungen von aussen, d. h. von einem

---

3 Vgl. Thomas von Aquin, Summa theologiae I, 1.7.

reinen Beobachtungsstandpunkt unter Einklammerung ihres Wahrheitsanspruchs aus betrachtet, ist die Theologie keine voraussetzungslose Wissenschaft. Ihr Gegenstand – Gott und seine Geschichte mit den Menschen – ist ihr vielmehr nur im Glauben vorgegeben. Sie artikuliert das eigene Vernunftinteresse des Glaubens, indem sie dessen zentrale Aussagen und Lebensäusserungen mit den unterschiedlichen Methoden ihrer einzelnen Disziplinen untersucht. Zugleich ist der Theologie die soziale Einbindung in das kirchliche Leben vorgegeben. Sie entspringt nicht der individuellen Erkenntnisbemühung der einzelnen Theologinnen und Theologen, sondern sie dient der gemeinsamen Selbstvergewisserung des Glaubens im Raum der Kirche. Sie ist daher als Glaubenswissenschaft zugleich eine elementare Lebensäusserung der Kirche. Im Vergleich der Weltreligionen untereinander ist es eine spezifische Besonderheit des Christentums, dass dieses im Rückgriff auf Begriffe und Denkformen der griechischen Philosophie eine rationale Theologie hervorgebracht hat, die den Wahrheitsanspruch des Glaubens kritisch reflektiert und begründet.

2. Was meint «moralisch»?

Die Worte «Moral» und «moralisch» haben in den modernen Sprachen einen unangenehmen Beiklang. Bei vielen Menschen wecken sie den Verdacht, sie sollten um ihre spontane Freude am Dasein, um ihre Lebenslust und um ihr eigenes Glück betrogen werden, weil die Moral ihnen nur in Form von Verboten und Einschränkungen begegnet. Deshalb benutzen viele lieber die Begriffe «Ethos» und «ethisch», um das Gemeinte auszudrücken. Beide Terminologien bedeuten jedoch das Gleiche. Sie unterscheiden sich nur dadurch, dass sich das Wort «Moral» vom Lateinischen (*mos* = Sitte, Brauch), das Wort «Ethos» dagegen aus dem Griechischen (*ethos* = Wohn- und Aufenthaltsort, Gewohnheit) ableitet. Moral und Ethos bezeichnen beide das gelebte Leben und die bestimmten Wertvorstellungen folgenden Handlungen der Menschen, ihre individuelle und soziale Lebenspraxis. «Ethik» wird dagegen die theoretische Beschäftigung mit moralischen Fragen genannt; sie ist eine Reflexionsform der Moral, die sich von einer Metaebene aus auf die Fragestellungen der Moral und das gelebte Ethos von Individuen oder gesellschaftlichen Gruppen bezieht. Die Ethik verhält sich dieser Unterscheidung zufolge zum Ethos und zur Moral ebenso wie die Musikwissenschaft zur Musik oder die Anglistik zur englischsprachigen Literatur.

Wenn die Ethik als Reflexionsform des Moralischen in Analogie zur Musik- oder Literaturwissenschaft begriffen wird, muss allerdings ein wichtiger Unterschied beachtet werden. Moraltheologie ist, wie der nächste Schritt zeigen wird, die Reflexion des gelebten christlichen Ethos. Daher bezieht sie sich auf die moralische Erfahrung, die jeder Einzelne in seinem Leben macht. Ein Musikwissenschaftler kann musikalische Werke untersuchen, ohne selbst ein Instrument spielen zu können; ein Romanist oder Anglist kann Gedichte oder Romane nach literarischen Kriterien untersuchen, ohne selbst solche schreiben zu können. Dies ist in der Ethik anders: Sie setzt die moralische Selbsterfahrung des Einzelnen zwingend voraus. Da das Moralische eine innere Dimension des Menschseins ist, kann die Ethik das Vertrautsein ihrer Adressaten mit moralischen Fragestellungen begründeterweise annehmen: Jeder Mensch kennt die Perspektive der Moral, auch wenn er ihr zuwiderhandelt. Er weiss um die Differenz von Gut und Böse und um den Unterschied zwischen dem nur Nützlichen oder Angenehmen und dem, wie er handeln sollte. Weil wir den Fragen nach dem normativ Richtigen im eigenen Leben und Handeln nicht ausweichen können (Wofür gebe ich mein Geld aus? Wie viel Zeit widme ich meiner Familie? Wie verhalte ich mich, wenn ich in Bedrängnis gerate?), sind wir mit ethischen Problemen vertraut, bevor wir über sie zu reflektieren beginnen. Die Ethik als akademische Disziplin knüpft an dieser, mit dem Menschsein als solchem gegebenen Grunderfahrung an. Moraltheologie will denen, die in sie eingeführt werden sollen, dazu verhelfen, ihre eigenen moralischen Urteile besser zu verstehen.

Damit hängt ein Weiteres zusammen: Das Moralische benennt nicht einen Sektor neben anderen Bereichen, sondern die innere Dimension der ganzen Wirklichkeit. Es lässt sich definieren als Anspruch, den die Wirklichkeit in allen ihren Sektoren an die menschliche Person stellt. Die Redeweise vom moralischen Leben ist insofern synonym zu den Ausdrücken «spezifisch menschliches Leben» oder «vernünftige Existenzweise» des Menschen. Denn im Leben des Menschen geht es um die Aufgabe einer freien, eigenverantwortlichen Lebensführung. Die moralische Wissenschaft betrachtet den Menschen, wie *Thomas von Aquin* im Prolog zur *Prima secundae* seiner theologischen Summe ausführt, unter der Rücksicht, dass er der freie Ursprung seiner Handlungen und der Autor seiner Lebensgeschichte ist. In Begriffen der modernen Ethik bedeutet dies: Der Mensch ist moralisches Subjekt, er gestaltet sein individuelles Dasein und seine sozialen Existenzbedingungen selbst. Insofern gehört nicht nur das persönliche Leben der Individuen, sondern auch das Handeln von gesellschaftlichen Gruppen und Institutionen zur Moral. Die Aufgliederung der moralischen Wissenschaft in einzelne Bereichsethiken (Bioethik, Beziehungsethik, Wirtschaftsethik, Friedensethik usw.) folgt den einzelnen Sektoren, in die sich das Leben unterteilt (Wirtschaft, Soziales, Politik, Partnerschaft und Ehe usw.). *Materialiter* lassen sich daher verschiedene Gegenstandsfelder moralischer Erwägungen unterscheiden, nach denen die einzelnen Bereichsethiken benannt werden; *formaliter* aber bezeichnet der Begriff des Moralischen in allen Sektoren des Lebens dasselbe, ob dies nun als ein Sollen, als Differenz von Gut und Böse, als das normativ Bedeutsame oder auch als das axiologisch Wertvolle bezeichnet wird.

3. Was bedeutet «Moraltheologie»?

Im dritten Schritt dieser drei Rückfragen nähern wir uns dem, *was* wir tun, wenn wir Moraltheologie treiben. Was also meint «Moraltheologie»? Auf diese Frage sind verschiedene Antworten denkbar. Wenn «moralisch» als bestimmendes Adjektiv zu dem Substantiv «Theologie» verstanden wird, ergeben sich zwei Möglichkeiten: Entweder dieses Adjektiv deutet auf einen Teilbereich der Theologie hin, der ihren Gegenstand näher bestimmt, wie es dem traditionellen Verständnis der Moraltheologie entspricht. Diese wird dann als Schwesterdisziplin der Dogmatik innerhalb der Systematischen Theologie angesehen, die sich in *theologia dogmatica*, *theologia fundamentalis* und *theologia moralis* unterteilt. Oder aber das Adjektiv «moralisch» wird als eine innere Dimension der ganzen Theologie in all ihren Fächern verstanden. Bei dieser Alternative geht es darum, unter welchem Vorzeichen die Botschaft des Christentums in der Neuzeit angemessen zu reflektieren ist. Das Programm einer ethischen Theologie, wie sie seit dem 19. Jahrhundert im Protestantismus vertreten wurde, geht davon aus, dass sich das Christentum in der Moderne nur behaupten kann, wenn es seine Nützlichkeit auf dem Gebiet der Ethik unter Beweis stellt. Wenn nach dem Verhältnis zwischen Ethik und Dogmatik innerhalb der christlichen Theologie gefragt wird, geht es also nicht nur um die Zuordnung einzelner Disziplinen oder Traktate zueinander. Es geht vor allem darum, unter welchem Titel die Sache des Christentums in der Moderne besser, angemessener und lebensnaher zur Sprache kommen kann.

a. Moraltheologie als Theorie der menschlichen Lebensführung unter dem Anspruch des Evangeliums

Nach meinem Verständnis darf sich die Moraltheologie mit einer derartigen Reduktion des Christentums auf seine ethische Bedeutung nicht abfinden. Die Kirche und die einzelnen Christen tragen aufgrund ihres eigenen Ethos zwar Mitverantwortung für den Staat und die Gesellschaft, doch ist die Kirche kein Serviceunternehmen, das den moralischen Ressourcenerhalt in einer Gesellschaft besorgen könnte, die durch die fortschreitende Erosion ihres Wertekonsenses bedroht ist. Wenn Religion nur nach ihrem Nutzen für die Moral und dem Beitrag bewertet wird, den sie für das Wertebewusstsein der Gesellschaft leisten kann, gerät das, worauf es dem Christentum eigentlich ankommt, aus dem Blick. Das erste Wort seiner Botschaft sind nicht die Forderungen der Moral, sondern die Proklamation des Heils, die Offenbarung der

Liebe Gottes, die Zusage von Vergebung, Rettung und Erlösung des Menschen. Allerdings wird auch die Idee eines ethikfreien, transmoralischen Wegs zum Heil, wie er gnostisch-esoterische Erlösungsvorstellungen aus der Zeit der Spätantike bis zur Gegenwart kennzeichnet, dem Selbstverständnis des christlichen Glaubens nicht gerecht. Dieser fordert vielmehr eine Einheit von Glauben und Handeln, Theorie und Praxis, Lehre und Leben. Daher sind Glaube und Moral zwar unbedingt zu unterscheiden; sie dürfen aber keineswegs getrennt werden.

Für die Moraltheologie folgt daraus, dass sie gegenüber beiden aufgezeigten Gefahren wachsam bleiben muss. Weder darf sie die Rolle des Christentums im Sinne einer ethischen Theologie auf seine moralische Bedeutung reduzieren, noch sollte sie der Versuchung nachgeben, den Glauben von allen normativen Anforderungen an die eigene Lebensführung zu entlasten, damit er nur noch den spirituellen Trostbedürfnissen religiöser Individuen und ihrer Kontingenzbewältigung in existenziellen Krisensituationen dient. Eine Moraltheologie, wie ich sie verstehe, hat vielmehr die folgende Aufgabe: Sie zielt auf die vernünftige Selbstexplikation des Glaubens und folgt also dem Programm *fides quaerens intellectum* (= des Glaubens, der nach Einsicht fragt) im Blick auf die Aufgabe der menschlichen Lebensführung. Der Glaube, der nach seiner eigenen Vernünftigkeit fragt, muss sich auch seiner eigenen ethischen Implikationen bewusst werden. Dies gilt für die Theologie im Ganzen, also auch für die biblische Exegese, die Liturgiewissenschaft, das Kirchenrecht und die Dogmatik. Die spezifische Aufgabe der Moraltheologie im Kanon der Theologie ist es jedoch, die Konsequenzen des Glaubens für die individuelle Lebensführung der Christen und für die Lösung gesellschaftlicher Konflikte (in den Bereichen der Bioethik, der Sozialethik, der Wirtschaftsethik und der Friedensethik usw.) aufzuzeigen. Eine sachgerechte Definition unserer Disziplin lautet daher: Moraltheologie ist die Theorie der menschlichen Lebensführung unter dem Anspruch des Evangeliums oder im Horizont des christlichen Glaubens und seiner Welt- und Lebensdeutung. Dazu muss sie auf Forschungsergebnisse der genannten anderen theologischen Disziplinen, aber auch auf moralphilosophische Argumentationsformen und die Erkenntnisse der Humanwissenschaften zurückgreifen.

b. Die Beziehung der Moraltheologie zur philosophischen Ethik

Das Verhältnis der Moraltheologie zur philosophischen Ethik ist in meinem Verständnis ein zugleich anknüpfendes und kritisches. Wenn die Moraltheologie das Vernunftinteresse des Glaubens im Blick auf die Lebensführung der Christen auslegt, ist sie dazu notwendig auf die Hilfe der philosophischen Ethik angewiesen. Diese stellt ihr die begrifflichen Artikulationsmöglichkeiten und Reflexionsformen zur Verfügung, die sie benötigt, um die ethischen Implikationen des Glaubens darlegen und begründen zu können. Angesichts des Pluralismus unterschiedlicher philosophischer Ethiktheorien bedarf es dazu einer kritischen Unterscheidung: Nicht jeder moralphilosophische Ansatz entspricht den Anforderungen, den die Moraltheologie von ihrer eigenen Aufgabenstellung her an die Leistungsfähigkeit ethischer Explikationsmodelle stellen muss. Wenn der Glaube ein vernunftgemässer Gehorsam gegenüber Gottes Wort ist, muss eine philosophische Ethiktheorie, die dem Glauben zu einem inneren Verstehen seiner moralischen Implikationen verhelfen soll, in der Lage sein, ethische Prinzipien und moralische Normen rational zu begründen. Zudem müssen ihre anthropologischen Annahmen dem biblischen Menschenbild entsprechen, das die Gottebenbildlichkeit des Menschen und die Einheit von Körper, Seele und Geist betont.

Angesichts dieser Erwartungen lassen sich Korrespondenzen zwischen unverzichtbaren theologischen Desideraten und bestimmten moralphilosophischen Ansätzen aufzeigen. So entsprechen eine kognitive Moraltheorie und der Ansatz des moralischen Realismus in besonderer Weise dem vernünftigen Charakter des christlichen Glaubens und seinem Anspruch, eine Welt- und Lebensdeutung zu bieten, die alle Dimensionen der Wirklichkeit umfasst. Eine eudämonistische Ethik entspricht der Heilsbotschaft des Christentums, in der es um das letzte Seinkönnen und die Vollendung des Menschen geht; eine Ethik der Menschenwürde und der in ihr gründenden Menschenrechte korrespondiert mit der biblischen Überzeugung von der Gottebenbildlichkeit jedes Menschen und der biblischen Konzeption der Gerechtigkeit Gottes. Nach der Botschaft der Propheten Israels erfordert die Gerechtigkeit nicht nur einen formalen Ausgleich zwischen einander Ebenbürtigen, sondern in erster Linie eine entschlossene Parteinahme zugunsten der Schwachen und Schutzlosen, wie sie auch das befreiungstheologische Programm der vorrangigen Option für die Armen prägt. Schliesslich wird eine Tugendethik, die nach der affektiven Kultur des personalen Lebens fragt, der genannten Ganzheit des Menschen besser gerecht, als eine reine Vernunftmoral.

Eine ähnliche Nähe scheint auf den ersten Blick auch zwischen der Ethik des Utilitarismus und dem biblischen Liebesgebot zu bestehen. Nicht von ungefähr beriefen sich die klassischen Theoretiker des Utilitarismus, die in religiöser Hinsicht einen aufgeklärten Deismus vertraten, auf die Weisung Jesu, die das Wohlergehen des Nächsten ins Zentrum stellt. Bei näherem Hinsehen zeigen sich jedoch beträchtliche Differenzen: Der Utilitarismus fordert uns dazu auf, durch alle unsere Handlungen den Gesamtzustand des Universums zu verbessern, indem wir das grösste Glück der grössten Zahl von Menschen zur Richtschnur unseres Handelns machen. Der Gedanke der Nutzenmaximierung kann es daher auch rechtfertigen, einzelnen Individuen grössere Lasten als anderen aufzuerlegen oder ihre moralischen Rechte einzuschränken, wenn dadurch die Gesamtbilanz des Glücks verbessert wird. Die Ethik Jesu lehrt dagegen, dass wir jedem Menschen mit Wohlwollen, Achtung und Liebe begegnen und ihm nach unseren Kräften Gutes tun.

Vergleicht man die einzelnen Theorieangebote der philosophischen Ethik im Blick auf ihre mögliche Rezeption durch die Theologie, so zeigt sich, dass die überragende Stellung der aristotelisch-thomanischen Ethik innerhalb der katholischen Moraltheologie trotz ihrer historischen Bedingtheit auch sachlich begründet ist. Der Grund dafür liegt darin, dass die aristotelisch-thomanische Ethik den aufgezeigten Erwartungen der Moraltheologie an eine philosophische Ethiktheorie besser als andere philosophische Angebote gerecht wird. Das schliesst freilich nicht aus, dass sich auch von anderen philosophischen Ausgangspunkten her moraltheologische Entwürfe konstruieren lassen. Ein historisches Beispiel dafür sind die Versuche der Aufklärungstheologie, auf dem Boden der kantischen Ethik ein System der katholischen Moraltheologie zu errichten. In der Gegenwart erscheint manchen Moraltheologen die Diskursethik von *Jürgen Habermas* oder die Gerechtigkeitstheorie von *John Rawls* in besonderer Weise anschlussfähig für eine Deutung des christlichen Ethos. In jedem Fall sollte die Rezeption zeitgenössischer Philosophien von Anknüpfung und Widerspruch zugleich geleitet sein, vergleichbar dem Transformationsprozess, durch den Thomas die aristotelische Ethik in die *sacra doctrina* aufnahm.

In diesem Zusammenhang stellt der Zustand der gegenwärtigen Philosophie die Moraltheologie vor eine besondere Schwierigkeit: Es gibt heute nicht *die* Philosophie, die als Medium der Verständigung allgemein anerkannt wäre. Thomas konnte auf Aristoteles zurückgreifen; die Theologen des 18. und 19. Jahrhunderts fanden im Idealismus einen natürlichen Ansprechpartner; im 20. Jahrhundert konnten die Transzendentalphilosophie, die Existenzphilosophie und die Fundamentalontologie (Heidegger) zum letzten Mal eine vergleichbare Rolle spielen. Nach dem Zusammenbruch der Metaphysik gibt es jedoch kein philosophisches Denken mehr, das sich der Theologie von sich aus als Gesprächspartner aufdrängt. Im Bereich der Moralphilosophie verfügt keiner der derzeit gängigen Ansätze über die innere Weite, die die Moraltheologie von einem philosophischen Erklärungsansatz erwarten muss, um mit seiner Hilfe die universale Bedeutung der biblischen Offenbarung für die Ethik reflektieren zu können. Sowohl die Diskursethik von Habermas als auch Rawls' Verständnis der Gerechtigkeit als Fairness beschränken sich ausdrücklich auf Fragen der Gerechtigkeitsmoral im engeren Sinn, während sie Probleme der individuellen Lebensführung in Partnerschaft, Ehe und Familie sowie das Verhalten gegenüber Gesundsein und Kranksein, Schuld und Versagen oder die Einstellungen zur Endlichkeit und Vergänglichkeit des menschlichen Daseins als evaluative Lebensstilfragen betrachten. Auf Fragen des guten Lebens wollen Moraltheorien dieser Art keine Antwort mehr geben; diese werden überhaupt nicht mehr als moralfähige Fragestellungen angesehen, sondern den umfassenden Lehren (*conprehensive doctrines*) und starken Wertungen (*strong evaluations*) anheimgestellt, über die in einer weltanschaulich pluralen Gesellschaft eine rationale Verständigung weder möglich noch wünschenswert ist.

Ein erfolgversprechender Ausweg aus diesem Dilemma ist nach meiner Auffassung eine *relecture* der thomanischen Ethik, die diese im hermeneutischen Horizont gegenwärtiger philosophischer Fragestellungen liest. Es macht den historischen Rang der thomanischen Ethik aus, dass sie sich für die Fragestellungen anderer Epochen als anschlussfähig erweist. Das bedeutet indessen nicht, dass wir die gegenwärtige Moralphilosophie nicht bräuchten, weil wir bei Thomas schon eine bessere Antwort auf alle unsere Fragen fänden. Vielmehr können die Probleme der Normbegründung, der *virtue ethics* und der universalen Geltung moralischer Prinzipien, wie sie in der gegenwärtigen Moralphilosophie kritisch diskutiert werden, unseren Blick dafür schärfen, wie wir Thomas heute lesen und im Horizont aktueller Fragen interpretieren können.

c. Die Rolle von Schrift und Tradition in der Moraltheologie

Wer ein moraltheologisches Lehrbuch aus der Zeit der neuscholastischen Manualien zur Hand nimmt – beispielsweise das Werk des Doktor *Joseph Kachnik*, auf das Magris in einem Antiquariat stiess – sucht darin vergeblich nach biblischen Inspirationen. Schriftzitate trifft man nur selten an; sie dienen in der Regel nur dazu, eine naturrechtliche Argumentation zu bestätigen und durch Beispiele aus der Lehre Jesu oder den Briefen des Apostels Paulus zu ergänzen. Dem Zeugnis der Schrift kommt keine begründende oder die Erörterung leitende Rolle, sondern nur eine ornamentale Funktion zu. Gelegentlich rekurrieren die Handbücher auf einzelne Schriftzitate, die als *dicta probantia* herangezogen werden, um die Schriftgemässheit einzelner moraltheologischer Aussagen abzusichern. Die Moraltheologie der damaligen Zeit behandelte die Bibel wie einen Steinbruch, dem sie gelegentlich Bausteine entnahm, um diese ihrem eigenen Theoriegebäude als schmückendes Beiwerk einzufügen. Selbst vom zentralen biblischen Gedanken der Nachfolge Jesu war kaum die Rede. Wenn er überhaupt erwähnt wurde, geschah dies nur in einem Annex zur Fundamentalmoral, der die spirituellen Grundlagen des Christseins behandelt.

Demgegenüber forderte das Zweite Vatikanische Konzil eine Erneuerung der Moraltheologie aus dem Geist der Schrift: «Besondere Sorge verwende man auf die Vervollkommnung der Moraltheologie, die, reicher genährt aus der Lehre der Schrift, in wissenschaftlicher Darlegung die Erhabenheit der Berufung der Gläubigen in Christus und ihre Verpflichtung, in der Liebe Frucht zu tragen für das Leben der Welt, erhellen soll.»[4]

Es ist nicht leicht, in der eigenen moraltheologischen Arbeit die beiden methodischen Anforderungen in Einklang zu bringen, die das Konzil an die Erneuerung der Moraltheologie stellt. Diese soll aus der Lehre der Schrift «genährt» und wissenschaftlich begründet sein. Dazu genügt es nicht, die in Rechtstexten, Mahnreden, prophetischen Klageworten, Weisheitssprüchen und – im Neuen Testament – in den Gleichnissen Jesu, in den Antithesen der Bergpredigt oder in den paulinischen Tugend- und Lasterkatalogen enthaltenen Weisungen nur zu sortieren und unter einem einheitlichen Gesichtspunkt anzuordnen. Selbst wenn sich die historischen, formkritischen und traditionsgeschichtlichen Schwierigkeiten einer solchen Zusammenstellung mit Hilfe verschiedener exegetischer Auslegungsverfahren überwinden liessen, bliebe das entscheidende Problem einer biblischen Ethik ungelöst: Die Beschreibung historischer Lebensformen aus der Entstehungszeit der biblischen Texte und die Rekonstruktion einzelner Logien Jesu sagen noch nichts über ihre normative Verbindlichkeit heute aus. Als historische Wissenschaft kann die Exegese zwar die exakte Bedeutung einzelner biblischer Weisungen erurieren, doch ist damit noch keine Begründung dafür gegeben, warum diese Forderungen Verbindlichkeit für die gegenwärtige Existenz der Christen erheben.

Eine rein deskriptive biblische Ethik widerspräche nicht nur den Anforderungen an eine wissenschaftlich begründete Ethik, dem zweiten Postulat des Konzils, sondern auch dem Charakter der biblischen Schriften selbst. Deren primäre Intention richtet sich nicht auf die Beschreibung menschlicher Charakterzüge oder die Begründung sittlicher Normen, sondern auf die Verkündigung der Heilsbotschaft des Evangeliums. Die Bibel ist weder ein primitives Buch der Naturkunde noch ein rudimentäres Handbuch der Moraltheologie, sondern die Urkunde des Heils, in der Gottes Wort dem Menschen entgegentritt. Das Ziel einer ethischen Schriftauslegung kann daher nicht allein in einem historischen Verstehen der untersuchten Texte liegen, wenngleich dieses für die Erhebung ihrer moralischen Bedeutsamkeit unverzichtbar ist. Vielmehr muss die Auslegung von der Absicht geleitet sein, den Adressaten dieser Texte die Offenbarungsbotschaft zu erschliessen, die ihrerseits ein neues Selbstverständnis der Hörerinnen und Hörer des Wortes Gottes bewirken möchte. Ethische Schriftauslegung ist somit ein wechselseitiges Geschehen, in dem der Ausleger oder die Auslegerin die biblischen Texte untersuchen, um im Lichte ihres Anspruchs die eigene Existenz auslegen zu

---

4 Optatam totius, Nr. 16.

lassen. Nur so kann die Moraltheologie tatsächlich eine Theorie der menschlichen Lebensführung unter dem Anspruch des Evangeliums sein.

Die biblische Exegese und die theologische Ethik gehen jedoch mit einer unterschiedlichen Blickrichtung an biblische Texte heran. Während die Exegese danach fragt, was die biblischen Aussagen in ihrem ursprünglichen Entstehungszusammenhang und im Kontext der gesamten Schrift bedeuten, fragt die theologische Ethik nach der Relevanz dieser Aussagen für die moralischen Herausforderungen der Gegenwart. Sie muss nach einer sachgemässen Entsprechung ihrer Reflexionen zur Offenbarung der Liebe Gottes im Leben und in der Lehre des Jesus von Nazaret fragen, um die ethische Perspektive, die in den biblischen Texten vorgezeichnet ist, auf die Probleme hin aufzuschlüsseln, die sich heute stellen. Eine solche schöpferische Übertragung auf die gewandelten Lebensverhältnisse ihrer jeweiligen Epoche ist schon deshalb unerlässlich, weil die biblischen Schriften zu vielen modernen Problemfeldern – etwa der Biotechnologie, der Globalisierung der Wirtschaft, den Umwälzungen des Nachrichtenwesens, der rasanten Entwicklung der Weltbevölkerung, dem Wandel des Arbeitsmarkts, der Transformation der Industriegesellschaft in eine ökologische Dienstleistungsgesellschaft, der Auflösung der traditionellen Familienstrukturen oder der Entwicklung neuer militärischer Waffen – schlicht keine Aussagen macht. Der hermeneutische Prozess der kreativen Übertragung, den eine von der Bibel inspirierte moraltheologische Reflexion leisten muss, kann mit den Worten meines römischen Lehrers *Klaus Demmer* als «analoge Imagination» beschrieben werden.[5]

Leider ist die vom Konzil geforderte Vermittlung zwischen biblischer Inspiration und wissenschaftlicher Darlegungsform noch immer ein Desiderat, dem nur wenige moraltheologische Publikationen in befriedigender Weise gerecht werden. Es gibt gute Darlegungen der biblischen Ethik und ebenso gute moraltheologische Erörterungen zu Problemen der Normbegründung, der Freiheitsanalyse, der Wissensbildung oder der Tugendethik, die sich auf der Höhe gegenwärtiger philosophischer Ethiktheorien bewegen. Doch gelingt es nur selten, beides so miteinander zu vermitteln, dass es zu einer gegenseitigen Durchdringung kommt. Die Diastase von Bibel und Moral ist noch nicht wirklich überwunden, solange moraltheologische Überlegungen vor allem auf Fragestellungen der philosophischen Ethik Bezug nehmen, um diesen im zweiten Schritt eine Zusammenstellung exegetischer Ergebnisse zuzuordnen. Das biblische Zeugnis lässt sich in seiner Bedeutung für die Lebensführung der Christen auch nicht freischwebend aus einigen Grundtexten des biblischen Ethos (Dekalog, Bergpredigt Jesu, Doppelgebot der Gottes- und Nächstenliebe), sondern nur auf der Basis einer gesicherten Exegese erheben.

---

[5] Vgl. K. Demmer, Moraltheologische Methodenlehre, Freiburg 1989, 113–118.

Wer heute Moraltheologie treiben will, darf sich daher nicht nur mit den Schriften von Psychologen, Sozialwissenschaftlern und Kulturanthropologen sowie moralphilosophischen Theorien beschäftigen; er muss sich auch in der exegetischen Literatur zur Bibel Israels und der Kirche auskennen. Auch wenn ich für mich selbst noch keine befriedigende Lösung erreicht habe, wie exegetische Erkenntnisse die moraltheologische Reflexion befruchten können, bemühe ich mich doch, mich von ihnen anregen zu lassen. Dabei erleichtert mir meine Aufgabe eine biblische Hermeneutik, die sich nicht auf philologische Analysen und die Erhebung des historischen Textsinns beschränkt (so unerlässlich diese für ein richtiges Verstehen der Bibel sind), sondern versucht, das Zeugnis der Schrift im Horizont der Fragestellungen ihrer Adressaten zu erheben. Die Exegeten kommen mir in meiner eigenen moraltheologischen Arbeit dadurch gewissermassen ein Stück entgegen. Ausdrücklich zu erwähnen ist, dass die Päpstliche Bibelkommission im Mai des Jahres 2008 ein Dokument veröffentlichte, das aus der intensiven Zusammenarbeit von Exegeten und Moraltheologen hervorgegangen ist. Es trägt den Titel «Bibel und Moral. Biblische Wurzeln des christlichen Handelns» und zeichnet sich dadurch aus, dass es das Zeugnis der Schrift aus der Perspektive grundlegender moraltheologischer Fragestellungen aufschlüsselt. Dadurch gelingt diesem Dokument eine systematische Präsentation des christlichen Ethos, die dessen Eigenart und Besonderheit markant herausstellen kann.

Die Beschäftigung mit der kirchlichen Tradition und der Geschichte des eigenen Fachs ist wichtig, weil eine radikale Diskontinuität der christlichen Ethik in ihren jeweiligen epochalen Ausprägungen den Anspruch des Christentums unglaubwürdig machen würde. Die historische Vergewisserung und der Vergleich mit den Antworten, die frühere Moraltheologen auf ähnliche Fragen gegeben haben, wie wir sie heute stellen, sind daher unverzichtbar. Auch kann uns eine genaue historische Erforschung der eigenen Disziplin vor dem Missverständnis bewahren, die Lehrauffassungen der Kirche zu einzelnen moralischen Fragen (z. B. in der Sexualethik oder der medizinischen Ethik) seien absolut unwandelbar. Aber die Beschäftigung mit der Geschichte des eigenen Fachs kann die systematische Aufgabe nicht ersetzen, die von uns heute im Blick auf die Fragen unserer Zeit gefordert ist. Es wäre allerdings bedauerlich, wenn unter dem Druck aktueller Probleme eine historische Erforschung der eigenen Ursprünge immer mehr an den Rand gedrängt würde. Daher ist es wünschenswert, dass einzelne Moraltheologen verstärkt wieder geschichtliche Studien vorlegen. Allerdings sollte die Geschichte der katholischen Moraltheologie nicht als reine Literaturgeschichte verstanden werden, sondern alle Methoden gegenwärtiger historischer Forschung (z. B. Mentalitätsgeschichte, Gesellschaftsgeschichte) einschliessen. Sie hätte dann die Aufgabe darzulegen, wie die Christenheit vergangener Epochen die ethischen Implikationen ihres Glaubens verstand und nach dem Modell von *challenge and response* auf die Herausforderungen ihrer Kultur antwortete. Leitfragen dabei könnten sein: Welche Lebensformen des christlichen Glaubens entstanden damals? Welche Kompromisse ging die Kirche in der damaligen Lebenswelt ein? Welchen kulturprägenden Einfluss übte das Evangelium aus? Welche Veränderungen konnte die Botschaft des Evangeliums im gesellschaftlichen Bewusstsein der Zeit – ich denke an die Sklaverei, das Zinsverbot, die Entwicklung der Rechtsordnung, die Auffassung vom gerechten Krieg usw. – bewirken?

4. Vom Ethos der Moraltheologie

Die Angehörigen mancher Berufsgruppen verfügen über ein ausgeprägtes Verantwortungsbewusstsein, das sich in der Anerkennung eines besonderen Berufsethos oder der Selbstverpflichtung auf die Einhaltung bestimmter professioneller Sorgfaltsregeln niederschlägt. Beamte und Richter sind zur Unbestechlichkeit, Ärzte und Seelsorger zur Verschwiegenheit, Polizisten und Feuerwehrleute zur Hilfeleistung in Notfällen (auch unter Inkaufnahme persönlicher Gefahren bis hin zum Einsatz des eigenen Lebens) und Soldaten selbst während der Ausführung von Kampfhandlungen zur Beachtung des Völkerrechts verpflichtet. Gibt es in vergleichbarer Weise so etwas wie ein Standesethos der Moraltheologie? Einen besonderen Ehrenkodex, dessen Regeln darüber Aufschluss geben, ob jemand, der Moraltheologie betreibt, dies auch in rechter Weise tut?

Im 19. Jahrhundert versuchten die Professoren der katholischen Tübinger Schule, die dort die verschiedensten Fächer der Theologie (insbesondere Dogmatik und Moraltheologie, Katechetik und Symbolik, Apologetik und Exegese) vertraten, ihren Disziplinen trotz ihrer verschiedenen materialen Gegenstandsbereiche eine gemeinsame formale Ausrichtung zu geben. Sie stellten ihrer theologischen Arbeit im jeweiligen Fach drei Leitworte voran, die mir für jeden, der Moraltheologie treiben möchte, nach wie vor unverzichtbar erscheinen. Die drei Leitworte, die den Anspruch an das eigene theologische Arbeiten programmatisch formulieren, sind *Wissenschaftlichkeit*, *Kirchlichkeit* und die *Bereitschaft zu kritischer Zeitgenossenschaft*. Je nach der individuellen Biographie und dem persönlichen Begabungsprofil des Einzelnen können sich in der Art und Weise, wie jemand Moraltheologie treibt, unterschiedliche Akzentsetzungen ergeben; angesichts möglicher Konflikte zwischen den genannten Anforderungen an das Ethos der Moraltheologie ist realistischerweise davon auszugehen, dass ihre Integration in eine völlig spannungsfreie und harmonische Einheit niemandem gelingt. Dennoch darf sich jemand, der ernsthaft Moraltheologie im Haus der Universität, im Raum der Kirche und auf Augenhöhe mit den Problemen der Gegenwart betreiben will, nicht von dem Bemühen um Wissenschaftlichkeit, Kirchlichkeit und geistig-kulturelle Zeitgenossenschaft dispensieren.

4.1 Das Ethos der Wissenschaftlichkeit

Zunächst zum Stichwort der Wissenschaftlichkeit. Es erscheint selbstverständlich, dass jeder im Bereich der Moraltheologie Tätige an seine eigene Arbeit die intellektuellen Massstäbe anlegt, die das spezifische Ethos der Wissenschaft ausmachen. Dazu gehören methodische Strenge und Sorgfalt in der Textinterpretation, Skepsis gegenüber vorschnellen Antworten, Fairness in der Darstellung anderer Positionen, Verzicht auf Polemik und persönliche Verunglimpfung (beides hat in einem wissenschaftlichen Disput, in dem es um die Sache geht, nichts zu suchen), Konzentration auf die Sache, Anerkennung fremder Leistungen (z. B. durch korrektes Zitieren), Geltenlassen anderer Ansätze, Offenheit für andere Denkstile, Bereitschaft zur Kooperation, der Wille, eigene Forschungsansätze anderen mitzuteilen usw. Diese intellektuellen Grundhaltungen der Wissenschaft sind in der Theologie ebenso wie in allen anderen Disziplinen unverzichtbar; wer gegen diese Grundgebote wissenschaftlicher Tätigkeit verstösst, desavouiert sich selbst im Haus der Wissenschaften.

Dies ist auch dort zu beachten, wo die Einmischung der Moraltheologie in öffentliche Debatten um moralische Kontroversen (um die Lebensethik, die Familien- und Sozialpolitik, die Asylgewährung, den Minderheitenschutz, um Religionsfreiheit, internationale Gerechtigkeit und den Schutz der Menschenrechte usw.) dieser notgedrungen eine «apologetische» Ausrichtung im doppelten Sinne aufzwingt: Wer sich als Moraltheologe an derartigen Debatten beteiligt, möchte sowohl eine rationale Begründung des eigenen Standpunkts vorlegen als auch andere Auffassungen in Frage stellen. Doch sollte er sich dabei von der Grundeinstellung intellektueller Offenheit leiten lassen, die in säkularen Philosophen und Wissenschaftlern nie nur *adversarii* sieht, die es zu bekämpfen gilt. Vielmehr sind diese auch in der Situation der öffentlichen Kontroverse als Gesprächspartner zu achten, mit denen man in einen kritischen Dialog um der Sache willen tritt. Als Theologen und Theologinnen sind wir gut beraten, solche Aufgeschlossenheit und geistige Noblesse auch dort zu bewahren, wo es die Gegenseite uns gegenüber an der Bereitschaft zu einem kultivierten wissenschaftlichen Disput fehlen lässt und sich stattdessen an öffentlicher Stimmungsmache oder der medialen Verstärkung antikirchlicher Ressentiments beteiligt.

4.2 Das Ethos der Kirchlichkeit

Die zweite Forderung an das persönliche Ethos, das unsere Tätigkeit als Moraltheologen prägen soll, ist «Kirchlichkeit». Der Verfasser des eingangs zitierten Handbuchs der katholischen Moraltheologie erweckte beim Schriftsteller unserer Tage, der sein Werk zufällig im Antiquariat entdeckte und dadurch dem Vergessen entriss, den Eindruck einer grossen persönlichen Bescheidenheit. Sein Traktat sei, so notierte Magris in seinem Reisetagebuch, «ohne Anspruch auf Originalität, sondern nur mit der Absicht, die Lehre der Kirche darzulegen»[6] abgefasst. Eine solche Einstellung ist dem modernen Wissenschaftsbetrieb fremd, der gerade im Bereich der Geisteswissenschaften der individuellen Physiognomie eines Autors, seinen unverwechselbaren Denkmotiven, seiner literarisch stilisierten Sprache und der Authentizität seines biografischen Zeugnisses hohen Rang einräumt. Dennoch gelten Eitelkeit, Ruhmsucht und das Bedürfnis nach öffentlicher Selbstinszenierung auch auf dem Feld der säkularen Wissenschaften als moralisch fragwürdige Fehlhaltungen, die dem Ideal vorurteilsfreier, sachbezogener Forschung im Wege stehen.

Gleiches gilt erst recht für die Theologie, für deren Wissenschaftscharakter der Bezug auf die biblische Offenbarung und damit die Einbettung in die Glaubensgemeinschaft der Kirche von konstitutiver Bedeutung sind. In positiver Hinsicht bedeutet dies: Das persönliche Ethos dessen, der in einem theologischen Lehramt als öffentlicher Lehrer des Glaubens wirkt, sollte von dem Bewusstsein geprägt sein, die eigenen Fähigkeiten und Begabungen in den Dienst einer gemeinsamen Aufgabe zu stellen, zu deren Gelingen auch andere beitragen. Ich empfinde dies nicht als eine Einschränkung meiner wissenschaftlichen Wirkungsmöglichkeiten, sondern als eine tröstliche Gewissheit, kein Einzelkämpfer auf verlorenem Posten zu sein. Die Vielzahl der Dissertationen und Publikationen jüngerer Theologinnen und Theologen auf dem Gebiet der Moraltheologie und Sozialethik bestätigt mich in der Gewissheit, dass ich in meiner theologischen Arbeit von ähnlichen Bemühungen anderer getragen bin. Um die Zukunft unseres Fachs ist mir daher nicht bange.

Die geforderte Loyalität gegenüber der Kirche ist nach meinem Verständnis nicht primär als negative Grenze zu sehen, die den Freiraum meines moraltheologischen Wirkens einschränkt. Vielmehr gewinne ist erst durch den Rückbezug auf den gemeinsamen Glauben der Kirche ein tragfähiges Fundament, von dem aus ich die offensive Begegnung mit der säkularen Gesellschaft und ihren Problemen suchen kann.

Allerdings sehe ich meine Aufgabe als öffentlicher Lehrer der Theologie als einen Auftrag an, der mir zwar von der Kirche verliehen wurde, den ich

---

6 Vgl. Anm. 1.

aber in eigenständiger Verantwortung zu erfüllen habe. Deshalb ist die Redeweise vom theologischen Lehramt, das mir übertragen wurde, mit Bedacht gewählt. Wer zum akademischen Lehrer der Theologie im Raum von Universität, Kirche und Gesellschaft bestellt ist, hat ein öffentliches Amt inne, das er zwar im Auftrag der Kirche (nicht nur des Magisteriums, sondern der Glaubensgemeinschaft im Ganzen), aber dennoch aus einer genuin wissenschaftlichen Kompetenz und Verantwortung heraus wahrzunehmen hat. Diese Differenzierung, die auf der Unterschiedenheit und Eigenständigkeit der Theologie gegenüber dem kirchlichen Lehramt beharrt, kommt im herkömmlichen Delegationsmodell zu kurz, durch das lehramtliche Stellungnahmen wie zuletzt die Instruktion der römischen Glaubenskonkregation über «die kirchliche Berufung des Theologen» aus dem Jahr 1990 das Tätigkeitsfeld und den Legitimationsgrund der Theologie im Ganzen und der Moraltheologie im Besonderen umschreiben.

Nach diesem Delegationsmodell beschränkt sich der Auftrag der Theologie auf den Nachweis, wie die vom Lehramt der Bischöfe und des Papstes vorgelegten Glaubenswahrheiten in den Quellen des Glaubens (Schrift, Tradition, lehramtliche Verkündigung) enthalten sind. Keiner der grossen Theologen der vergangenen Jahrzehnte, die später zu Bischöfen oder Kardinälen ernannt wurden – *Henri de Lubac*, *Yves Congar*, *Alois Grillmeier*, *Walter Kasper* oder *Avery Dulles* – haben ihren Auftrag als Theologen bevor sie Bischöfe wurden in dieser minimalistischen Weise verstanden. Vielmehr sahen sie ihre Berufung in das Bischofsamt als Bestätigung der höchst eigenständigen Art und Weise an, wie sie zuvor als öffentliche Lehrer der Theologie, als Deuter des Glaubens und als Interpreten seiner Wahrheit gewirkt hatten. Die nachträgliche Anerkennung ihrer für die Kirche erbrachten intellektuellen Leistung darf, so erfreulich sie an sich ist, nicht darüber hinwegtäuschen, dass viele von ihnen zunächst mit dem kirchlichen Lehramt in Konflikt geraten waren und durch Lehr- und Schreibverbote, ordensinterne Zensur und ähnliche Schikanen behindert wurden.[7]

Auch im 19. Jahrhundert haben aus der Rückschau von heute aus gesehen diejenigen Theologen der Kirche und der Zukunftsfähigkeit ihres Glaubens den besseren Dienst erwiesen, die zu ihrer Zeit wegen ihres Freimuts und ihrer intellektuellen Offenheit von vielen beargwöhnt wurden, die sich selbst für rechtgläubig hielten. Theologen und christliche Philosophen wie *Antonio Rosmini*, *John Henry Newman*, *Friedrich von Hügel* und *Johann Baptist Hirscher* waren Vordenker des Glaubens und konnten der Kirche durch die Reformen, die sie anmahnten, den Weg in die Zukunft weisen. Dagegen fügten diejenigen,

---

7 Vgl. etwa H. de Lubac, Meine Schriften im Rückblick, Freiburg 1996 und Y. Congar, Journal d'un théologien (1946–1956), présenté et annoté par E. Fouillaux, Paris 2001.

die sie in ein geistiges Ghetto führten, das sich im Nachhinein als Sackgasse erwies, der Kirche aus heutiger Sicht schweren Schaden zu. Gewiss wäre es vermessen, wenn wir uns mit den grossen Gestalten vergleichen wollten, die durch die theologiegeschichtliche Forschung und teilweise auch durch das kirchliche Lehramt selbst als Wegbereiter der modernen Theologie allgemeine Anerkennung gefunden haben. Dennoch dürfen wir an der intellektuellen Grundhaltung Mass nehmen, in der sie damals ihren Auftrag als Theologen aus Loyalität zur Kirche erfüllten. Wir *dürfen* es nicht nur, so als ob wir uns etwas anmassten, das uns nicht zusteht; im Rahmen unserer jeweiligen Möglichkeiten *müssen* wir uns sogar an diese Vorbilder halten, wenn wir das uns übertragene Amt in der Kirche in rechter Weise ausfüllen wollen.

Ich sehe mich zu dieser Haltung durch die grosse Rede ermutigt, die Papst *Johannes Paul II.* in seiner Ansprache an die Wissenschaftler anlässlich seines ersten Deutschlandsbesuchs in Köln gehalten hat. Darin führte er aus, dass die Wissenschaft ihre Legitimation von ihrer Verpflichtung, nach Wahrheit zu suchen, her erhält. Dieser Hinordnung auf die Wahrheit kann sie als Wissenschaft aber nur gerecht werden, wenn sie sich ungehindert von äusseren Eingriffen frei und eigenständig vollziehen kann. Konkret sprach der Papst von einer Dreiheit, die wissenschaftliches Forschen und Arbeiten leiten soll: personale Vernunft, Freiheit und Wahrheit. Dann führte er im Blick auf die Rolle der Theologie unter den Wissenschaften aus:

> «Ich trage keine Bedenken, auch die Glaubenswissenschaft im Horizont einer so verstandenen Rationalität zu sehen. Die Kirche wünscht eine selbständige, theologische Forschung, die vom kirchlichen Lehramt unterschieden ist, sich ihm aber verpflichtet weiss im gemeinsamen Dienst an der Glaubenswahrheit und am Volke Gottes. Es wird nicht auszuschliessen sein, dass Spannungen und auch Konflikte entstehen. Aber dies ist auch im Verhältnis von Kirche und Wissenschaft niemals auszuschliessen. Es hat seinen Grund in der Endlichkeit unserer Vernunft, die in ihrer Reichweite begrenzt und dazu dem Irrtum ausgesetzt ist. Dennoch können wir stets Hoffnung auf Versöhnung und Erlösung haben, wenn wir auf die Wahrheitsfähigkeit eben dieser Vernunft bauen.»[8]

Eine Sichtweise, die den genuinen Auftrag theologischer Forschung betont, kann sich auch auf die Lösungsmodelle berufen, die im Mittelalter die Unterschiedenheit und Eigenständigkeit der Theologie in Bezug auf das Magisterium der Kirche reflektierten.[9] Thomas von Aquin unterscheidet eine doppelte *cathedra* in der Kirche, die er als *cathedra pontificalis*, als Lehramt der

---

8 Johannes Paul II., Ansprache an Wissenschaftler und Studenten im Kölner Dom am 15. November 1980, in: ders., Predigten und Ansprachen während des Besuchs in Deutschland (VAS 25), Bonn 1980, 26–34, 32f.

9 Vgl. dazu P. Hünermann, Die Theologie und die Universitas literarum heute und gestern, in: H. Hoping (Hg.), Universität ohne Gott? Theologie im Haus der Wissenschaften, Freiburg i. Br. 2007, 59–90, bes. 83f.

Bischöfe und des Papstes und als *cathedra magistralis*, als Lehramt der Theologen bezeichnet. Beide stehen sich nicht einfach gleichrangig gegenüber, denn den Bischöfen, an ihrer Spitze dem Papst, ist die öffentliche Sorge um die Kirche, die *cura publica ecclesiae* anvertraut. Diese üben ihren pastoralen Dienst in der Kirche nicht nur durch die Ausübung ihrer Leitungsvollmacht, sondern in erster Linie durch die Verkündigung der Glaubenswahrheit aus. Dennoch besitzt die *cathedra magistralis* der Theologie gegenüber Papst und Bischöfen eine eigenständige Lehrkompetenz. Diese rührt daher, dass sie auf der Grundlage der Schrift und der Glaubensartikel dem inneren Vernunftinteresse dieses Glaubens dienen und in wissenschaftlicher Form den *intellectus fidei* entfalten soll.

Das Verhältnis zwischen Eigenständigkeit und Zuordnung von theologischem und bischöflichem Lehramt ist hier sorgfältig austariert. Die *cathedra magistralis* der Theologen ist ein eigenständiges öffentliches Lehramt in der Kirche; sie ist allerdings auf die *cura pastoralis*, die Verkündigungsaufgabe der Kirche hingeordnet, die in erster Linie den Bischöfen, und unter ihnen insbesondere dem Papst, anvertraut ist. Diese Unterordnung unter den Verkündigungsdienst der Kirche widerspricht nicht der wissenschaftlichen Eigenständigkeit der Theologie, da sie als Glaubenswissenschaft den Glauben der Kirche und die einzelnen Glaubensartikel zur Voraussetzung hat. Die *licencia docendi*, die Befugnis zu lehren, wurde damals allerdings von den *doctores* der Theologie verliehen, die mit den Gepflogenheiten der Wissenschaft vertraut waren.[10]

Angesichts der gegenwärtigen Lage der Kirche, die in vielen Ländern durch eine wachsende Entfremdung zwischen dem kirchlichen Lehramt und den Gläubigen geprägt ist, steht man als Moraltheologe häufig vor gegensätzlichen Erwartungen, die sich nur schwer unter einen Hut bringen lassen. Das kirchliche Lehramt verlangt von Moraltheologen eine besondere Loyalität, die ihre Nagelprobe bestehen, wenn sie die in der gesellschaftlichen und kirchlichen Öffentlichkeit besonders umstrittenen kirchlichen Lehrauffassungen mittragen. Wo ich dieser Erwartung aus innerer Überzeugung entsprechen kann, bin ich gerne bereit, als Moraltheologe ein klares kirchliches Profil in der Öffentlichkeit zu vertreten, wie beispielsweise bei bioehtischen Fragen nach der Schutzwürdigkeit menschlicher Embryonen, der moralischen Bewertung der Stammzellforschung oder einer entschiedenen Ablehnung von Abtreibung, Euthanasie und der ärztlichen Suizidbeihilfe. Komplizierter liegen die Dinge dort, wo das kirchliche Lehramt von Theologinnen und Theologen auch in den Fragen Gehorsam verlangt, die innerkirchlich umstritten sind. Hier steht die Moraltheologie vor einer doppelten Loyalitätserwartung:

---

10 Vgl. Thomas von Aquin, Quaestiones quodlibetales I q.7, a.2; III, q.4, a.1; IV, q.9; XII, q.18, a.1.

Denn sie muss auch die kritischen Fragen, die bestehenden Verständnisschwierigkeiten und die abweichenden Lebenserfahrungen derjenigen Gläubigen artikulieren, die fest auf dem Boden der Glaubenswahrheit stehen und das Credo der Kirche aus persönlicher Glaubensüberzeugung mitsprechen, aber gegenüber einzelnen Lehrauffassungen unüberwindliche Zweifel haben.

Da diese innere Distanz vieler Gläubigen zum Lehramt der Kirche häufig dessen Weisungen zu Problemen der persönlichen Lebensführung betrifft, kann sich die Moraltheologie diesen kritischen Anfragen nicht entziehen. Auch in der Kirche ist es ein Erfordernis intellektueller Redlichkeit, sich mit unzureichenden Antworten nicht zufriedenzugeben und ungelöste Probleme nicht zu verdrängen. Daher kann es zum Dienst der Moraltheologie an der Glaubensgemeinschaft der Kirche gehören, dass sie sich dem Totschweigen ungelöster Probleme entgegenstellt. Es widerspricht keineswegs der geforderten Loyalität gegenüber dem kirchlichen Lehramt, nach den Gründen zu fragen, warum einzelne die Lebensführung der Gläubigen betreffende Lehrmeinungen (etwa bezüglich der künstlichen Empfängnisregelung, der HIV-Prophylaxe oder der Zulassung Wiederverheirateter zu den Sakramenten) in breiten Kreisen des Volkes Gottes nicht rezipiert werden. Das Lehramt erweist sich selbst einen schlechten Dienst, wenn es die Gewissenszweifel der Gläubigen und das seinen Weisungen entgegenstehende Zeugnis ihrer Lebenserfahrung als Zeichen des Ungehorsams interpretiert. Unerledigte Fragen lassen sich nicht durch fortgesetzte Nichtbeachtung oder den Verweis auf eine bereits ergangene Entscheidung des Lehramtes aus der Welt räumen.

Freilich sollte man, wenn man die Erinnerung an unbequeme Fragen wachhält, die seit Langem auf der Tagesordnung des innerkirchlichen Dialogs stehen, der Versuchung widerstehen, sich mit Hilfe der öffentlichen Medien auf Kosten der Kirche und ihres Lehramts zu profilieren. (Während meines Studiums habe ich von einigen öffentlichkeitswirksam agierenden Theologen gelernt, wie ich es selbst einmal sicher *nicht* machen möchte, wenn ich in der Lage sein sollte, selbst als Moraltheologe zu wirken.) Freimütige Kritik in der Kirche ist eine prekäre Aufgabe, die gleichwohl notwendig ist. Durch unbedachte Worte erliegt man schnell der Gefahr einer medialen Vereinnahmung von der falschen Seite. Man sollte sich daher davor hüten, innerkirchlich ins Abseits zu geraten und als ein von den Medien gefeierter Kirchenkritiker aufzutreten, eine Rolle, in die mancher sich nur allzu gerne drängen lässt. Gerade bei kritischen Wortmeldungen in der Öffentlichkeit gilt, dass der Ton die Musik macht und dass die konstruktive Sorge um die Kirche, aus der man sich zum Einspruch gedrängt sieht, auch als solche vernehmbar sein muss. Dies ist kein Plädoyer für Ängstlichkeit oder übergrosse Vorsicht, sondern eine Selbstverpflichtung, die ich zu beachten habe, wenn ich mich unter Berufung auf mein theologisches Lehramt zu innerkirchlich strittigen Themen äussere.

4.3 Das Ethos kritischer Zeitgenossenschaft

Das dritte Stichwort, unter dem sich das Ethos moraltheologischen Forschens und Arbeitens zusammenfassen lässt, lautet: kritische Zeitgenossenschaft. Diese erfordert, sich auf die Sorgen, Probleme und Nöte der jeweiligen Gegenwart einzulassen und die Bereitschaft, sich ihren Herausforderungen zu stellen und Mitverantwortung für die Gesellschaft und die in ihr lebenden Menschen zu tragen. Das Zweite Vatikanische Konzil bezeichnet es als eine der Kirche und ihren Gläubigen obliegende Verpflichtung, «nach den Zeichen der Zeit zu forschen und sie im Licht des Evangeliums zu deuten»[11]. Einen ähnlichen Auftrag leitet das Konzil aus der Würde des sittlichen Gewissens ab: «Durch die Treue zum Gewissen sind die Christen mit den übrigen Menschen verbunden im Suchen nach der Wahrheit und zur wahrheitsgemässen Lösung all der vielen moralischen Probleme, die im Leben der Einzelnen wie im gesellschaftlichen Zusammenleben entstehen.»[12] So verstanden ist kritische Zeitgenossenschaft eine Näherbestimmung des Weltauftrags der Kirche. Weil sie zu den Menschen gesandt ist, um ihnen das Evangelium zu verkünden, darf die Kirche nicht nur von aussen in die Gesellschaft hineinsprechen. Sie muss das Wort des Heils vielmehr so zur Sprache bringen, dass es bei den Menschen ankommen, ihr Leben prägen und vom Licht des Evangeliums her erhellen kann.

Wer heute Moraltheologie treibt, muss dies im Bewusstsein tun, dass er in einer doppelten Treuebeziehung steht. Er soll in Treue zur eigenen Glaubensüberlieferung dem Anspruch der Schrift und der kirchlichen Tradition so entsprechen, dass er darüber die Sorgen und Nöte der heute lebenden Menschen nicht verrät; er soll aus Treue zu den konkreten Menschen, denen er zu dienen hat, so Anteil an den Problemen, Konflikten und inneren Widersprüchen der Gegenwart nehmen, dass er darüber die Treue zur eigenen Glaubensüberlieferung nicht vergisst. Dieses Erfordernis einer doppelten Treue zeigt, dass das Ethos kritischer Zeitgenossenschaft missverstanden wäre, wenn man darin nur eine strategische Anpassung an die Denkgewohnheiten und dem Plausibilitätshorizont der jeweiligen Gegenwart sehen wollte. Solidarisch mit den Sorgen und Nöten der Menschen zu sein, ist vielmehr eine Forderung, die aufs Engste mit dem Auftrag der Evangeliumsverkündung und der Proklamation des Reiches Gottes verbunden ist. Christliche Zeitgenossenschaft bezieht ihre Legitimation und ihre eigentliche Motivation aus dem zentralen Inhalt der Verkündigung Jesu: dem Anbruch des Reiches Gottes, dem die Kirche in ihrer Verkündigung, in der Feier der Sakramente und in ihrem sozialen Einsatz für die Armen zu dienen hat. Christ und Zeitgenosse zu sein,

---

[11] Gaudium et spes, Nr. 4.

[12] Gaudium et spes, Nr. 16.

steht daher nicht beziehungslos nebeneinander. Vielmehr gehört zum Auftrag, das Evangelium zu verkünden, auch das Gebot, den Adressaten dieser Botschaft Zeitgenosse zu sein.

Das Wagnis der Zeitgenossenschaft ist daher nicht ins Belieben der Kirche gestellt. Dieses Wagnis ist vielmehr in jeder Epoche der Kirchengeschichte neu gefordert, weil die Kirche ihrem eigenen Ursprung nur treu bleiben kann, wenn sie das ihr anvertraute Evangelium in ihrer jeweiligen Zeit – und nicht in einer fernen, von den Problemen der Gegenwart unberührten Über-Geschichte – zu leben versucht. Es gibt keine andere Zeit, in der wir Christen leben und das Evangelium verkünden könnten, als die unserer Gegenwart. Die Flucht in eine nostalgisch verklärte Vergangenheit ist uns daher ebenso verstellt wie der Ausbruch in eine träumerisch-utopische Zukunft, die von den jetzt zur Lösung anstehenden Problemen nur abhalten kann. Liebe zur Kirche – früher nannte man dies etwas weniger pathetisch das *sentire cum ecclesia* – meint nicht das Verliebtsein in die eignen Kirchenträume, seien diese nun progressiv-utopischer oder konservativ-restaurativer Art. Immer setzt Liebe zur Kirche die Solidarität mit den jetzt lebenden Gläubigen voraus, um sie im Versuch zu bestärken, unter den Bedingungen der jeweiligen Gegenwart ein glaubwürdiges Christsein zu leben

Wenn man Moraltheologie auf Augenhöhe mit den sozialen, kulturellen und politischen Herausforderungen der eigenen Gegenwart betreibt, dient dies nicht nur einem glaubwürdigeren Zeugnis der Kirche nach aussen und ihrer Präsenz in der Gesellschaft. Vielmehr hat die Moraltheologie dabei auch die Gläubigen selbst im Blick, um ihren Glauben zu stärken und ihnen zu zeigen, dass man sich als Christ intellektuell auf der Höhe der Zeit bewegt, wenn man den Weg der Kirche mitgeht. Ein solches solidarisches Mitgehen auf dem Weg der Kirche fällt gerade geistig und kulturell aufgeschlossenen Gläubigen oftmals schwer. Sie habe ich, wenn ich als Moraltheologe Vorträge halte, an Debatten teilnehme oder Bücher schreibe, besonders im Blick. Ich kann mit meiner eigenen Arbeit erst dann zufrieden sein, wenn es mir gelingt, sie in der Gewissheit zu stärken, dass der Glaube eine Antwort auf Grundfragen der menschlichen Existenz bereithält, die allen anderen Sinnangeboten und erst recht den gängigen intellektuellen Modeerscheinungen der jeweiligen Zeit überlegen ist. Dies erfordert jedoch eine Grundhaltung der Aufgeschlossenheit gegenüber den Denkern und Deutern der eigenen Zeit, die diese nicht nur als Gesprächspartner akzeptiert, denen man nicht ausweichen kann. Vielmehr müssen wir bei ihnen in die Schule gehen, um die eigene Zeit besser verstehen zu können. Häufig versetzen sie uns erst dazu in die Lage, die richtigen Fragen zu stellen, die unsere eigene Tradition wieder zum Sprechen bringen können.

5. Schluss: Warum und wozu treibe ich Moraltheologie?

Viele meinen, unsere Disziplin stünde in der gegenwärtigen Lage der Kirche vor einer besonders schwierigen Aufgabe, da wir Gefahr liefen, zwischen dem innerkirchlichen Druck und dem gesellschaftlichen Gegenwind, der uns ins Gesicht bläst, aufgerieben zu werden. Dies empfinde ich nicht so. In Universität, Kirche und Gesellschaft als Moraltheologe zu wirken, erscheint mir nach wie vor eine höchst lohnenswerte Aufgabe, die neben manchen Schwierigkeiten und Enttäuschungen Anlass zu Dankbarkeit und Zufriedenheit bietet. Als Priester habe ich ein breites Tätigkeitsfeld, das es mir erlaubt, Wissenschaft und Verkündigung, persönliches Studium und öffentliches Wirken miteinander zu verbinden. Die Themen, die innerhalb der Moraltheologie zu bearbeiten sind, finden in der Öffentlichkeit breites Interesse; unsere Tätigkeit bringt uns in Kontakt mit Menschen aller Gesellschaftsschichten innerhalb und ausserhalb der Kirche.

Als besonderer Vorteil werden von vielen der grosse Freiraum und die persönliche Unabhängigkeit betrachtet, die mit der Stellung eines Hochschullehrers verbunden sind. Auch ich weiss diese Vorzüge zu schätzen. Als die wichtigste Besonderheit, die meine Tätigkeit mit sich bringt, empfinde ich aber die Tatsache, dass ich an der Universität täglich aufgeschlossenen jungen Menschen begegne. Angesichts der Altersstruktur der meisten Kirchengemeinden in Deutschland ist dies ein seltenes Privileg, das mich an das Wort des Apostels Paulus denken lässt: «Ich habe gepflanzt, Apollos hat bewässert, Gott aber liess es wachsen» (1Kor 3,6). Es ist nicht unser Verdienst, sondern das vieler anderer Menschen – ihrer Eltern, ihrer Religionslehrer und ihrer Seelsorger – dass die Studierenden zu uns an die Universität kommen und sich für das Fach Theologie – oft mit dem Schwerpunkt Moraltheologie – entscheiden. Diese jungen Menschen in einer wichtigen Phase ihrer beruflichen Orientierung und ihrer persönlichen Glaubensgeschichte als akademischer Lehrer begleiten zu dürfen, ist zu jeder Zeit eine lohnende Aufgabe.

Säkularisierung, Werte und die Aufgabe der theologischen Ethik

Elisabeth Gräb-Schmidt

Es tut sich ein weites Feld auf, wenn wir uns dem Verhältnis von Religion und Säkularisierung nicht nur in den Beschreibungen aufgeregter Gegenwartsanalysen zuwenden, sondern der historischen Verortung und Weichenstellungen der Begriffe. Gerade dort sehen wir, wie diese Thematik nicht nur ins Zentrum der Verständigung über Identität, Freiheit und Individualität des Menschen führt, sondern tief hinein in die Bestimmung des Menschen in der Welt, angesichts des Universums, des Ganzen und das heisst letztlich auch angesichts des Gottesverhältnisses. Welt, Selbst und Gott werden ins Verhältnis gesetzt, indem sie nicht ohne einander bestimmbar werden. Friedrich Schleiermacher hat dies als Programm theologisch und philosophisch in Angriff genommen und hat die polare Spannung von Unendlichkeit und Endlichkeit, Individualität und Identität als konstitutiv für das Dasein expliziert. Diese Spannung zwischen Geist und Welt, beziehungsweise dem Geistigen in der Welt, gilt es auszuhalten in ihrer Ambivalenz.

Diese Spannung auszuhalten und nicht zu nivellieren – oder gar zu leugnen – ist das Thema, dem sich die Verhältnisbestimmung von Säkularisierung und Religion, Werte und Ethik zuwenden muss, wenn sie aus guten Gründen nicht eine Gleichsetzung von Säkularisierung und Verabschiedung von Religion und etwa einfach ihren blossen Ersatz durch Werte und Ethik vornehmen möchte. Schliesslich würde ein solcher Ersatz selbst nicht zur Aufhebung der aus der Spannung zwischen Transzendenz und Immanenz resultierenden Ambivalenz, sondern nur zu deren totalitärer Vernichtung führen, wie es mit Waffengewalt, sei es in Krieg und Revolutionen – oder auch nur durch die Vorherrschaft bestimmter Paradigmen des Denkens in der Wissenschaft –, geschehen kann. Ihrem Ziel, Freiheit und Emanzipation zu gewähren und zu fördern, kommt die Moderne nur näher, wenn sie diese Ambivalenz selbst mit in die das Dasein kennzeichnende Spannung von Denken und Handeln, Geist und Leben, Freiheit und Abhängigkeit hineinnimmt, sie nicht auflöst, sondern als Spannung aushält. Das aber heisst auch, dass Religion und Säkularisierung sich nicht einfach ablösen, sondern beide in diese Spannung des Lebens gestellt werden.

Für unseren Zusammenhang ist diese Verhältnisbestimmung von Gewicht, weil sich die Epoche der Säkularisierung in ihrer mentalitätsgeschichtlichen Befreiung des emanzipierten Subjekts und der Gesellschaft von allen traditionalen und doktrinalen Vorgaben, allen voran der Religion, an der Aufklärung orientiert, jener Ausrichtung des Menschen an Vernunft und Freiheit. Die Frage ist aber, ob Aufklärung Verabschiedung von Religion meint. Kann die Aufklärung überhaupt in der ihr eigenen Bedeutung der Emanzipation erfasst werden, wenn die Religion verabschiedet wird? Dies vertritt eine Säkularisierungsthese, die die Säkularisierung an das Verschwinden der Religion band.

Das Verhältnis von Säkularisierung, Werten und der Aufgabe der theologischen Ethik ist daher ein Thema, das nicht nur die Theologie interessieren muss, sondern das von gesamtgesellschaftlicher Relevanz ist, wenn vielerorts die Säkularisierungsthese seit einigen Jahren in Frage gestellt wird und von der Wiederkehr der Religion die Rede ist. Damit verschärft sich die Frage nach den Werten. Grundlegende These ist: Ungeachtet der Behauptung der Säkularisierungsthese, dass Religion verschwindet, beansprucht der Transzendenzbezug nach wie vor ungeminderte Geltung. Dieser verhindert nicht, sondern ermöglicht eine ethisch relevante Wertebildung und fordert mit dieser einhergehend die Selbstbestimmung des Menschen ein. Die Frage nach dem Verhältnis von Religion und Säkularisierung stellt uns vor die Aufgabe, dieses Verhältnis in Bezug zu der durch die Aufklärung errungenen Weichenstellung der erkenntnistheoretischen Frage von Wirklichkeitserfassung zu stellen. Nur wenn wir diese Verhältnisbestimmung in angemessener Weise vornehmen, wird es uns glücken, die Bedeutung der Werte und die Rolle und Funktion der theologischen Ethik in diesem Zusammenhang in den Blick zu bekommen.

Mein Gedankengang beinhaltet fünf Schritte: Ich werde zunächst 1. in die Fragestellung der Verhältnisbestimmung von Religion und Säkularisierung einführen, sodann 2. einen Blick auf die Bestimmungen der Säkularisierung und auf die Ambivalenz der Säkularisierungsthese werfen. Diese der Säkularisierung innewohnende Ambivalenz wird 3. für die Frage nach Werten in Anschlag gebracht, 4. wird deren differenzierte Analyse und vor allem ihre Kritik und Geltung in evangelischer Perspektive dargelegt, die uns 5. zur Feststellung des Verweisungshorizonts und des kategorialen Stellenwerts der Freiheit ebenso wie ihres Transzendenzbezugs führt.

1. Religion und Säkularisierung: Momente ihrer Verhältnisbestimmung

Die Frage nach Religion und Säkularisierung setzt zunächst einmal eine historische Verortung ihrer Verhältnisbestimmung voraus. Hier kommt die Aufklärung in den Blick, zumindest wenn es um die mentalitätsgeschichtliche und nicht nur die rechtliche und politische Form der Säkularisierung geht. Im Unterschied zu vielen Vorurteilen ist die Aufklärung nämlich nicht nur – das hat jüngst Hans Joas betont[1] – aus religionskritischen Erwägungen hervorgegangen. Im Gegenteil, es ist eine Bewegung, die der Selbstverständigung der eigenen religiösen und erkenntnistheoretischen Grundlagen verpflichtet war. Dies erklärt auch, dass die nachfolgenden philosophischen Stränge auseinander laufen konnten: Auf der einen Seite in den erkenntnistheoretischen Zweig, der theoretische Erkenntnis an die Grenzen der Erfahrung bindet, wie es Kant in seiner Kritik der reinen Vernunft verfolgte, und auf der anderen Seite in die religionstheoretischen Verständigungen, zu deren Vertreter Friedrich Schleiermacher, aber auch die Vertreter des Deutschen Idealismus, Fichte, Hegel, Schelling und auch Hölderlin zu zählen sind. Beides, erkenntnistheoretische und religiöse Verständigung, sind aber lediglich zwei Seiten einer Medaille. Dass es aber zwei Seiten einer Medaille sind, darauf verweist nicht zuletzt das Unternehmen Immanuel Kants selbst, das sich keineswegs als religionskritisches im Sinne der Religionsverneinung, sondern als kritisches im Sinne der Bestimmungen ihrer Grenzen verstand.

Hier gilt es zu bedenken: Das Anliegen der Moderne selbst ist nicht hinreichend erfasst, wenn es nicht implizit auch die ausgegrenzten Bereiche in ihren *Grenzbestimmungen* thematisiert und somit präsent hält. Zu diesen ausgegrenzten Bereichen gehört auch die Religion. Jene Diskriminierung des Religiösen hängt nun aber – so die Fortsetzung meiner These – nicht zuletzt an der Verkennung der *Voraussetzungsbedingungen* und zwar auch und gerade der Säkularisierung. Die Rücksicht auf das Unabgegoltene warnt davor, die Religion in den Bereich des Vormodernen zurückzudrängen. Religion ist nicht mit Irrationalität gleichzusetzen. Diese Einsicht hat zur Konsequenz, dass die säkularisierte Gestalt der Aufklärung mithin durch eine aufgeklärte Säkularisierung zu begleiten wäre, die darin aufgeklärt ist, dass sie diese nicht vernachlässigt und ihr einen Ort unter den Bedingungen der emanzipativen, aufgeklärten Moderne gewährt. Die Verbannung des Feldes des Religiösen ist tatsächlich die Feststellung eines profunden, auch erkenntnistheoretisch relevanten, Mangels, der die Komplexität sowohl der Erfahrungswirklichkeit selbst als auch deren erkenntnistheoretischen Erfassens leugnet.

2. Zur Bestimmung und Problematik der Ambivalenz der Säkularisierungsthese

Der Begriff der Säkularisierung[2] ist vielschichtig. Durch die rechtliche und politische Bedeutung der Säkularisierung des Kirchenguts, aber auch durch

---

1 Vgl. H. Joas, Die Sakralität der Person. Eine neue Genealogie der Menschenrechte, Frankfurt a. M. 2011.

2 Vgl. hierzu vor allem U. Barth, Art. Säkularisierung, in: TRE 29 (1998), 603–632, bes. 603–611.

die ideenpolitischen Konnotationen, nach denen sich die Kirche aus den Bildungsinstitutionen der Gesellschaft zurückziehen sollte, gewinnt der Begriff eine religions- und kirchenfeindliche Richtung. Unterstützt wurde eine solche Deutung zugegebenermassen seitens Theologie und Kirche dadurch, dass Säkularisierung oft nur negativ, nämlich als modisches Zeitprodukt eines kulturkritischen Pessimismus verstanden wurde.[3] Säkularisierung wurde dementsprechend als «Veräusserlichung und Verflachung der Gott-Mensch-Beziehung» verstanden, als «Abbau der religiösen Erfahrung», als «Schwinden der Transzendenz und als Ausschliesslichkeit der immanenten Welterklärung».[4] In Konsequenz sah man mit ihr eine Bindungslosigkeit und menschliche Verarmung für den Staat und für das Volk heraufziehen und damit einhergehend ein «Schwinden der gemeinsamen christlichen Wertgrundlagen».[5] Säkularisierung wurde als das «eigentliche Grundübel der Neuzeit»[6] kritisiert. Aber gerade so wird sie missverstanden, wie zu zeigen sein wird. Das muss ihrer Grundintention nicht entsprechen. Bereits die Religionskritiker um Ludwig Feuerbach, David Friedrich Strauss und Bruno Bauer hatten im Anschluss an Georg Wilhelm Friedrich Hegel einen anderen emanzipativen Begriff der Säkularisierung im Blick. Dieser sollte die dem Menschen seit der Neuzeit zukommende Vernunft-, aber eben auch Glaubensfreiheit zusichern.[7] Dessen ungeachtet führten die Überlegungen aber in der Folgezeit nicht dazu, dass man in der Religion selbst ein emanzipatives Moment sah. Glaube – Kirche – Religion rückten vielmehr insgesamt in den Bereich dessen, wovon die emanzipative Säkularisierung Abstand nahm.[8] Auf der anderen Seite schärfen alle Anzeichen der Wiederkehr des Religiösen jedoch, ebenso wie des Rufs nach Werten, vielmehr ein: Die Emanzipationsbewegung der Säkularisierung ist nicht auf Kosten der Religion zu erhalten.

---

[3] Nach Heckel resultiert dieses Verständnis aus jener «gleichzeitigen Verhaftung in der Monarchie und im christlichen Staat, die in anachronistischer Distanz zu Liberalismus und Demokratie standen, gegen jegliches Humanitätsideal und die Fortschrittsidee». M. Heckel, Korollarien zur Säkularisierung, (Sitzungsbericht der Heidelberger Akademie der Wissenschaften, Jg. 1981, Bericht 4), Heidelberg 1981, 14.

[4] Ebd.

[5] Ebd.

[6] Ebd.

[7] Vgl. a. a. O., 20f. Gleichwohl bleibt die Trennung von Kirche und Staat weiterhin die Leitvision der Säkularisierung, und Religionsfreiheit wurde so in erster Linie als Abwehrrecht verstanden.

[8] Vgl. a. a. O., 21.

In dieser Ambivalenz dokumentieren sich die Vereinseitigungen im Verständnis und in der Wahrnehmung der Säkularisierung, wie es die Religionssoziologen Charles Taylor[9], Peter L. Berger[10], Hans Joas[11] und andere[12] aufzeigen. Diese Vereinseitigungen jedoch ziehen nicht erst jetzt Folgeprobleme nach sich. Sie bestehen seit Langem darin, dass die Säkularisierung, solange sie in dieser Abwehrhaltung gegenüber Religion bleibt, ein Vakuum erzeugt, das etwa nach Hermann Lübbe «Scharen von Sinnstiftern»[13] hervorruft. Dies muss uns nachdenklich stimmen. Denn es weist auf eine komplexere Beziehung von Säkularisierung und Religion hin, als dass sie einfach als sich ausschliessende Alternativen betrachtet werden können. Der Sozialphilosoph Hans Joas spricht sogar der Abbildung von Moderne auf Säkularisierung jede Gültigkeit ab. Es zeigt sich also vielmehr nicht nur die Verschiedenheit, sondern dass Säkularisierung und Religion aufeinander angewiesen sind. Gerade darauf verweist nicht zuletzt die Kontinuität der Säkularisierungsthematik mit dem Religiösen, die sich in ihrer Ambivalenz Ausdruck verschafft. So wird der Fundamentalismus in der Moderne in der Regel als eine Reaktion auf die Säkularisierung gesehen. Das ist nicht von der Hand zu weisen. Diese Gefahren der Rückkehr in die rigide, autoritäre Moral der Vormoderne oder die Einkehr in irrationale Fundamentalismen, die wir gegenwärtig wahrnehmen, resultieren nicht zuletzt aus einer Vorstellung von Säkularisierung, die Emanzipation an eine von Religion befreite Vernunft bindet. Das sind aber die Gefahren jener einseitigen Wahrnehmung der Säkularisierung.

Diese Gefahren verweisen auf die tiefer liegende Problematik der Säkularisierung selbst: mit der Orientierung an der neuzeitlichen Vernunft und vor allem an individueller Freiheit verbieten sich Ganzheitssichten jeglicher Art – für die Lebensorientierung der Einzelnen sind jedoch weiterhin solche Ganzheitssichten erforderlich. Wie aber sind diese zu gewinnen ohne totalitär zu werden, im Sinne der Ideologie? Vernunft und Freiheit lassen sich jedenfalls nicht eindimensional erzwingen. Wird die Freiheit der Rationalität *subsummiert* und die Rationalität rein als Zweckrationalität verstanden, dann werden jedenfalls die Versprechen der Moderne verraten. Denn die so verstandene Rationalität führt schliesslich direkt zur Auflösung von Freiheit und Vernunft. Ebenso gilt: Wird Rationalität der Freiheit geopfert, ist der Fanatismus nicht aufzuhalten.

---

9 Vgl. C. Taylor, A Secular Age, Cambridge 2007.

10 Vgl. P. L. Berger (Hg.), The Desecularization of the World. Resurgent Religion and World Politics, Washington 1999.

11 Vgl. Joas, Sakralität.

12 Vgl. die Kennzeichnung der Strömungen bei D. Pollack, Rückkehr des Religiösen?, Tübingen 2009, 1–16.

13 H. Lübbe, Säkularisierung. Geschichte eines ideenpolitischen Begriffs, München ^{2}1975, 70, so zitiert bei Heckel, Säkularisierung, 32.

Wie aber kann die Eindimensionalität der technischen Rationalität der Moderne durchbrochen werden? Diese Frage führt uns zu den Voraussetzungen für das die Säkularisierung leitende Verständnis von Vernunft und Freiheit. In der Tat rückt nun jener Aspekt der Säkularisierung in den Blick, der in der Fokussierung ihrer Emanzipationsbewegung meist ausgeblendet blieb, nämlich das Transzendente, dessen Reflexion in der Religion thematisch bleibt. Gleichwohl ist es nicht Aufgabe der Religion, von der emanzipativen Vernunft abzusehen. Freiheit und Rationalität sind in emanzipativem Sinne vielmehr so aufeinander zu beziehen, dass sie sich gegenseitig bedingen, so dass die eine die andere zur Konsequenz haben muss. Das aber heisst: Emanzipation im Sinne rationaler Aufklärung muss und soll nicht bedeuten, dass Transzendenzbezüge verabschiedet werden. Vielmehr bleibt diese Vernunft selbst auf ihre transzendenten Bezüge verwiesen, und bestenfalls werden diese auch von ihr reflektiert, wenn nicht «blinde Flecken» ihre Konzeptionen beeinträchtigen sollen. Gilt dies, dann bestätigt sich die Vermutung: Weder der Gegensatz zwischen Rationalität und Religion, noch der zwischen Säkularisierung und Religion ist haltbar. Damit müsste auch Säkularisierung neu gedeutet werden.

3. Die metaphysische Ersatzfunktion des Wertbegriffs und seine ethischen Konsequenzen

Das ungeklärte Verhältnis von Religion und Vernunft macht sich in den Defiziten bemerkbar, die die Säkularisierungsbewegung als Verabschiedung von Religion begreifen. Eine markante Erscheinung, die das Defizit jenes ungeklärten Verhältnisses von Vernunft und Religion in solch kritischer Hinsicht markiert, ist der gegenwärtige Ruf nach Werten. In diesem Ruf wird meines Erachtens deutlich, was die Defizite der Wahrnehmung jener einseitigen Bestimmung der Säkularisierung sind. Werte als Forderung treten daher auch nicht von ungefähr in Erscheinung, sondern diese Forderung trägt dem Auseinanderfallen vom Guten und Rechten in der Moderne Rechnung. Dabei ist nicht zu übersehen, dass dieser Ruf auftritt als Kompensation einer von ihren transzendenten Bezügen gereinigten autonomen Vernunft. Um diese Ersatz- und Kompensationsfunktion der Werte genau zu verstehen, sei eine nähere Betrachtung ihres Wesens angeschlossen.

Eine Konjunktur des Wertbegriffs ist seit dem 19. Jahrhundert wahrzunehmen.[14] Der Begriff «Wert» wurde in den Vierzigerjahren des 19. Jahrhunderts aus der Nationalökonomie übernommen und von Rudolf Hermann

---

14 Diese Überlegungen schliessen sich an meine bereits in meinem Aufsatz zu den Werten dargestellten Äusserungen an. E. Gräb-Schmidt, Wessen Werte zählen in einer

Lotze zu einem philosophischen Grundbegriff gemacht.[15] Auch wenn der Begriff also eigentlich in die Ökonomie gehört, avancierte er gleichwohl zur philosophischen Fundamentalfrage, was seine Ersatzfunktion erklärt. Diese wurde vollends deutlich durch Nietzsches Wort von der Umwertung der Werte sowie durch den in der Soziologie durch Max Weber hervorgerufenen Werturteilsstreit.[16] Nicht zuletzt signalisiert die Dominanz des Wertbegriffs in den Kulturwissenschaften daraus folgende weitreichende Konsequenzen, die eine Ablösung der Substanzontologie in der Neuzeit bedeuten. Weniger nämlich, als dass es sich hier nur um eine Frage auf dem Gebiet der Moral handelte, wie man zunächst von Nietzsches Werk der «Genealogie der Moral»[17] hätte annehmen können, hat der Wertbegriff fundamentale Funktion. Der Wertbegriff resultierte schliesslich vielmehr aus der Verlegenheit, dass spätestens seit Kants Destruktion der Gottesbeweise den höchsten Begriffen der theoretischen und praktischen Philosophie – wie sie im Dreigestirn der Wahrheit, des Guten und des Schönen seit alters her Gestalt angenommen hatten – keine Entsprechung im Sein mehr zugeschrieben werden konnte.[18] Diese Entsprechungslosigkeit hinterliess eine Leerstelle, die dann dramatisch formuliert wurde in den verschiedenen nihilistischen Szenarien, sei es im «tollen Menschen» bei Nietzsche,[19] oder in der Rede des «toten Christus vom Weltgebäude herab, dass kein Gott sei»[20] bei Jean Paul. Das war die geistige Situation der Zeit, in der die Werte, die eigentlich völlig fachfremd aus der Ökonomie in die theoretische Philosophie Eingang gefunden hatten, zu ihrer zentralen Funktion avancierten. Die Werte traten an die Stelle der Idee des Guten, des Seins, wobei die Werte dann eben das waren, was – im Unterschied

---

pluralistischen demokratischen Gesellschaft?, in: A. K. Weilert, Ph. W. Hildmann, (Hg.), Ethische Politikberatung, Baden-Baden 2012, 135–150.

15 Vgl. H. Lotze, Mikrokosmos. Ideen zur Naturgeschichte und Geschichte der Menschheit. Versuch einer Anthropologie, Bde. 1–3, Leipzig [6]1923.

16 Vgl. M. Weber, Der Sinn der ‹Wertfreiheit› in den soziologischen und ökonomischen Wissenschaften, in: ders., Gesammelte Aufsätze zur Wissenschaftslehre, Tübingen 1922, 451–502.

17 F. Nietzsche, Genealogie der Moral. Eine Streitschrift, in: ders., Werke. Kritische Gesamtausgabe, hg. von G. Colli und M. Montinari, Bd. VI/2, Berlin 1968, 259–430, dort vor allem die erste Abhandlung: «Gut und Böse», «Gut und Schlecht», 269–303.

18 Vgl. M. Heidegger, Nietzsches Wort «Gott ist tot» (1943), in: ders., Holzwege. Gesamtausgabe, I. Abteilung: Veröffentlichte Schriften 1914 – 1970, Bd. 5, Frankfurt a. M. 1977, 209–267, 205f.

19 Vgl. F. Nietzsche, Die fröhliche Wissenschaft, in: ders., Werke in drei Bänden, München 1954, Bd. 2, 126–128.

20 Vgl. J. Paul, Siebenkäs. Erstes Blumenstück: Rede des toten Christus vom Weltgebäude herab, dass kein Gott sei, in: J. Paul: Werke. 6 Bde., Bd. 2, hg. von N. Miller und G. Lohmann, München 1959–1963, 266–272.

zu den Fakten der Naturwissenschaften – nicht Fakten, sondern Geltung bezeichnete.[21] Doch die Kernfrage blieb: Woraus resultierte diese Geltung?

Bereits Heidegger hat gesehen, dass «der Wert und das Werthafte [...] zum positivistischen Ersatz für das Metaphysische»[22] wird. Indem aber dieser Ersatz aus dem Bereich der Ökonomie kam, war eine mögliche Konsequenz, dass die Idee des Guten nun ihrerseits in ökonomische Kategorien der Effizienz umgemünzt werden konnte. Bis heute erleben wir, dass schleichend das Gute zum Wirkungsvollen, zum Effizienten umgedeutet wird. Wir müssen diese einflussreiche doppelte Ersatzfunktion mit im Auge behalten, die mit dem Wertbegriff für die Ethik einhergeht: Erstens die metaphysische Ersatzfunktion für das Gute, Wahre und Schöne und damit einhergehend zweitens die Umpolung der Geltungsbezüge auf Effizienz. Gegenüber Kant jedenfalls bedeutet diese Entwicklung hin zur möglichen Geltungsautorität der «Werte» ein massiver Epochenbruch. Kants Handlungsimperativ – wie er im kategorischen Imperativ zum Ausdruck kommt – war nicht an Werte gebunden, sondern an eine der menschlichen Erkenntnis entzogene Geltungsautorität, der sich der Mensch aus Freiheit beugt. Wir betrachten die nähere Untersuchung im Folgenden anhand Nietzsches und Jüngels Positionen zum Wertverständnis.

Nietzsche bezieht sich vor allem auf die metaphysische Ersatzdimension. Denn seine Wertposition ist zugleich mit Vehemenz als antimetaphysische Position vorgetragen. Sie ist in der «Umwertung der Werte» auch die Umkehrung der Frage nach Wahrheit, bzw. deren Verabschiedung aus Einsicht in die wertsetzende Kraft des Menschen, die die Wahrheit zum Vorurteil stempelt.[23] Weit entfernt, eine Entsprechung zum metaphysischen Grund zu bilden, repräsentiert der Wert nach Nietzsche vielmehr die Krise der Moderne, die nicht von ungefähr zur Dominanz von Ökonomie und Naturwissenschaften führte. Nicht nur zufällig ist daher der Begriff «Wert» eng gekoppelt an den Begriff des Sinns, der gleichzeitig auftritt.[24] Gerade um an einem Sinn des Lebens festzuhalten, an einer Bestimmung des Menschen, die auch seiner Freiheit ein Ziel gibt. Dafür steht in jener geistesgeschichtlichen Situation der Wertbegriff. Es stellt sich aber die Frage, ob und wie der Begriff des Werts in der Lage ist, dieses Vakuum zu füllen. Indem Nietzsche die Macht- und Setzungskraft der Werte betont, rückt er damit gerade den Geltungsaspekt der

---

21 Vgl. auch J. Habermas, Faktizität und Geltung, Frankfurt a. M. 1992.

22 Heidegger, Nietzsches Wort, 227.

23 Vgl. F. Nietzsche, Jenseits von Gut und Böse. Vorspiel einer Philosophie der Zukunft, in: ders., Werke. Kritische Gesamtausgabe, hg. von G. Colli und M. Montinari, Bd. VI/2, Berlin 1968, 1–255, dort Erstes Hauptstück: Von den Vorurtheilen der Philosophen, 9–33, 10.

24 Vgl. H. Kuhn, Werte – eine Urgegebenheit, in: H.-G. Gadamer, P. Vogler (Hg.), Neue Anthropologie, Bd. 7, Stuttgart 1975, 343–373.

Werte so in den Vordergrund, dass sie in ihrer Infragestellung der metaphysischen Wahrheit selbst in Umkehrung deren Stelle einnehmen können.[25] Dabei können sie zugleich in die ökonomische und politische Schaffens- und Machenskraft des Menschen einrücken. Insofern kann man bei Nietzsche regelrecht eine Abbildung der metaphysikkritischen Hinwendung zum Wertbegriff sehen, die diesen zugleich als Ersatzbegriff in allen seinen Konsequenzen und Dimensionen der Naturalisierung und Ökonomisierung einsetzt. Denn Nietzsches Handlungsimperativ kann gut einhergehen mit den Optimierungsprinzipien durch Egoismus und Konkurrenzdenken, das heisst gerade jenen ökonomischen Werten des Nützlichkeitsdenkens.[26] Dieser Handlungsimperativ besteht – gegenüber demjenigen Kants – in einer sich selbst setzenden, naturwüchsig sich aufdrängenden Wertesetzung, die der Mensch selbst tätigt und die er lebt, gegebenenfalls auf Kosten anderer.[27] Es zeigt sich in dieser Haltung eine Steigerungsform des Ichs, des naturwüchsigen Egoismus.

Hat der Ruf nach Werten damit seine Berechtigung verspielt? Für die evangelische Ethik erscheint es mir angebracht, einen Blick auf die Werttheorie des Tübinger Theologen Eberhard Jüngel zu werfen. Jüngel hat sich in «Wertlose Wahrheit»[28] dieser Problematik der Ersatzfunktion der Werte gestellt und ihre Rolle in vernichtender Weise kritisiert. Im Grunde macht er sich dabei die Werttheorie Nietzsches zu eigen, und zwar gerade um mittels dieser eine Orientierung an Werten im Lichte theologisch ethischer Massstäbe zu diskreditieren.

4. Wertekritik und Wertgeltung in evangelischer Perspektive

4.1 Wertekritik

In «Wertlose Wahrheit» reflektiert Jüngel die Orientierung an Werten in der damaligen gesellschaftlichen Situation unter Aufnahme Nicolai Hartmanns.[29]

---

25 Vgl. Nietzsche, Genealogie der Moral, 265, 418f.

26 Vgl. a. a. O., 272–275.

27 Vgl. dazu Nietzsche, Jenseits von Gut und Böse, 16: «In Wahrheit steht es ganz anders: indem ihr entzückt den Kanon eures Gesetzes aus der Natur zu lesen vorgebt, wollt ihr etwas Umgekehrtes, ihr wunderlichen Schauspieler und Selbst-Betrüger! Euer Stolz will der Natur, sogar der Natur, eure Moral, euer Ideal vorschreiben und einverleiben […]!», und weiter: «Philosophie […] schafft immer die Welt nach ihrem Bilde, sie kann nicht anders; Philosophie ist dieser tyrannische Trieb selbst, der geistige Wille zur Macht, zur ‹Schaffung der Welt›, zur causa prima.»

28 E. Jüngel, Wertlose Wahrheit. Christliche Wahrheitserfahrung im Streit gegen die «Tyrannei der Werte», in: ders., Wertlose Wahrheit. Zur Identität und Relevanz des christlichen Glaubens. Theologische Erörterungen III, München 1990.

29 Vgl. a. a. O., 96.

Carl Schmitts Rede von der «Tyrannei der Werte»[30] forderte dort ein Nachdenken über Grundwerte.[31] Jüngel ist mit Schmitt und Nietzsche skeptisch gegenüber einem solchen Vorhaben – und zwar nicht, weil er Nietzsches Position widerspricht, sondern weil er deren Aussagen teilt. Er übernimmt sozusagen die Wertekritik Nietzsches, um diese gegen die materiale Wertekritik eines Schelers[32] und Hartmanns[33] ins Feld zu führen, die in den Werten eine Entsprechung zu den Ideen sehen zu können glaubten, im Sinne der Rechte von «objektiven Werten»[34].

Jüngels Kritik betrifft die Annahme einer solchen Ersatzfunktion der Werte für die Idee des Guten. Hinsichtlich folgender drei Bestimmungen der Werte macht sich diese Kritik geltend: Erstens hinsichtlich ihres Setzungscharakters und damit der Usurpierung eines Gebiets, das dem Menschen entzogen ist – nämlich die Erkenntnis des Guten.[35] Eine vermeintliche Usurpierung dieses Gebiets läuft Gefahr den von Carl Schmitt ausgeführten Beobachtungen über die Tyrannei der Werte zum Opfer zu fallen. Zweitens hinsichtlich der damit einhergehenden Relativierung der Orientierungskraft, die mit dieser ja immer subjektiven Setzung der Werte[36] verbunden ist. Aber vor allem drittens hinsichtlich des Nicht-durchbrechen-Könnens der natürlichen Einstellung des Menschen. Jüngel markiert, dass diese nicht umhin kann, aus der Perspektive unseres Eigeninteresses heraus zu denken. Unsere Wahrnehmung dessen, was gut ist, ist daher getrübt durch dieses Eigeninteresse.

Ein Wertedenken lässt daher nach Jüngel eine Ethik in christlichem Sinne nicht zu. Dies gilt vor allem deswegen, weil eine christliche Ethik eben nicht vom natürlichen Gutsein des Menschen ausgeht und auch seiner Endlichkeit Rechnung trägt.[37] In diesen drei Bestimmungen zeigt sich eine Parallelität der Werte, bei Nietzsche und Jüngel aber auch eine unterschiedliche inhaltliche und formale Bestimmung. Dabei kritisiert Nietzsche die *inhaltliche* Bestim-

---

30 Vgl. C. Schmitt: Tyrannei der Werte, in: C. Schmitt, E. Jüngel, S. Schelz, Die Tyrannei der Werte, hg. von S. Schelz, Hamburg 1979, 9–43. Vgl. auch Jüngel, Wertlose Wahrheit, 99.

31 Eine Denkschrift der EKD aus jener Zeit führte so auch den Titel: Grundwerte und Gottes Gebot. Vgl. Grundwerte und Gottes Gebot, gemeinsame Erklärung des Rates der Evangelischen Kirche in Deutschland und der Deutschen Bischofskonferenz, hg. von der Kirchenkanzlei der Evangelischen Kirche in Deutschland und dem Sekretariat der Deutschen Bischofskonferenz, Gütersloh 1979.

32 Vgl. M. Scheler, Der Formalismus in der Ethik und die materiale Wertethik: Neuer Versuch der Grundlegung eines ethischen Personalismus, in: ders., Gesammelte Werke Band II, hg. mit einem Anhang von M. Scheler, Bern ^{5}1966.

33 Vgl. N. Hartmann, Ethik, Berlin ^{4}1962.

34 Vgl. Jüngel, Wertlose Wahrheit, 99.

35 Vgl. a. a. O., 103f.

36 Vgl. a. a. O., 99.

37 Vgl. a. a. O., 93.

mung der Werte, Jüngel hingegen radikaler auch die *Form*, das heisst das Wertesetzen überhaupt. Für diese kategoriale Kritik des Wertesetzens, wie Jüngel sie vornimmt, ist aber eine Unterbrechung, die einen doppelten Charakter hat, nötig, nämlich einen ontischen und einen kategorialen:[38] Die ontische Unterbrechung bezieht sich auf die Wertesetzung des Menschen als solche. Sie zeigt an, dass der Mensch zur Distanzsetzung befähigt ist. Die kategoriale Unterbrechung bezieht sich auf die nötige Kritik des Wertesetzens. Dies betrifft die Kritik der natürlichen Einstellung.

Wir können bis hierher festhalten: Sowohl Nietzsche als auch Jüngel betreiben Moralkritik. Nietzsche radikal in der Relativierung und damit Aufhebung der Moralität. Jüngel noch radikaler, indem er die Moralität nicht nur relativiert, sondern sie – im Zuge der natürlichen Einstellung – generell als Fehlorientierung entlarvt.[39] Jüngel betreibt insofern eine prinzipiellere Kritik an der Moral als Nietzsche. Er kritisiert nicht nur den Inhalt der Moral, nämlich als Sklavenmoral, die die Freiheit aufhebt, sondern er kritisiert das Unternehmen der Moral als solches, weil es im Zuge der natürlichen Einstellung Werte setzt, die Wahrheit und Freiheit torpedieren. Eine Moral selbstgesetzter Werte arbeitet nach Jüngel nicht auf dem Boden von Wahrheit und Freiheit – und genau das ist eigentlich ihr Anspruch! Aber diesem Anspruch kann sie nicht gerecht werden, jedenfalls nicht durch Orientierung an Werten, die schliesslich einen Ersatz für Wahrheit und Freiheit bieten, der sich aus ihrer Transzendenzvergessenheit speist. Gerade damit verstellen sie aber die Problematik der Moralität, die eben immer an der Freiheit scheitert. Nietzsche abrogiert für seine Genealogie die Freiheit, Jüngel aber, trotz aller Kritik an Moralität, nicht. Vielmehr wird die Orientierung an Werten geradezu zum Verdeckungsmanöver von Freiheit und Schuld und zwar aus Freiheit. Hier spielt die Sünde mit hinein. So wird der Begriff des Werts bei Jüngel regelrecht ein Gegenbegriff zur Wahrheit und damit auch moralisch wertlos. Jüngel sieht also im Wertbegriff in der Tat auch einen – man könnte sagen sündenbestimmten – Gegenbegriff zu Wahrheit.[40] Diese Kritik soll nun noch näher betrachtet werden, um beurteilen zu können, ob in dieser Ablehnung – so sehr sie ihr Recht hat – der Wertbegriff hinreichend umfassend verstanden wird.

Diese Einschätzung der Rolle der Werte resultiert aus ihrer ursprünglichen ökonomischen Herkunft, die es nahelegt, die Wertschätzung auf den naturwüchsigen Egoismus zu stützen. Das Entscheidende an der Wertekritik Jüngels ist mithin, dass Werte aufgrund ihrer Setzungs- und Bemessungsstruktur Freiheit und Wahrheit torpedieren, weil sie vor ihrem ökonomischen

---

38 Vgl. a. a. O., 100–109, bes. 103.

39 Vgl. a. a. O., 102.

40 Vgl. a. a. O., 105: «Wertethik und christlicher Ethos sind einander Feind. […] Wahrheit und Liebe sind wertlos […]»

Hintergrund Liebe nicht zulassen. Die Wahrheit hingegen, wie auch die Freiheit, konzentrieren sich in christlichem Sinne in der Liebe verstanden als Altruismus.[41] Das heisst sie sind ausgerichtet auf das «Wir» und nicht auf das «Ich». Diese Sichtweise der Nächstenliebe ist den Werten jedenfalls in ihrer Bestimmung des Wertesetzens unerschwinglich. Damit erreicht diese Sichtweise nicht den Boden der Wahrheit. Christlich gesprochen sind Wahrheit und Freiheit Frucht des Glaubens. Wahrheit und Freiheit sind nicht durch Wertesetzungen zu erlangen, weil sie eben überhaupt nicht durch Setzungen gewährleistet werden können. Darauf macht Jüngel gleich zu Anfang seiner Überlegungen aufmerksam, indem er den Kantischen kategorischen Imperativ umformuliert. Es darf nicht heissen: Was soll *ich* tun, sondern: Was sollen *wir* tun. In diesem «Wir» konzentriert sich eine Durchbrechung des Setzungscharakters, indem die Blickrichtung auf das Eigene sich hin zur Gemeinsamkeit und Liebe wendet. Der Gegensatz von christlich verstandener Wahrheit und Wert beruht auf dem Setzungs- und Bemessungscharakter, der mit den Werten verbunden ist, der die Blickrichtung auf das Gute verstellt. Denn mit den Werten geht zugleich das eigenbestimmte Setzen von Geltungen einher. Der Blick ist gerichtet auf das eigene Bewerten und Abwerten, das richtet, urteilt, Schuld zuweist und nicht vergibt. Das Vergeben ist auf der Skala der Werte keine Möglichkeit, es wäre eine Contradictio in Adjecto, weil schliesslich genau das Vergeben die eigenen Setzungen, das heisst die selbst gesetzten Werte, in Frage stellt, ja aufheben würde. Werte suchen die eigene Ehre und richten den Anderen, Wahrheit und Liebe versagen sich das Richten, weil sie auf Gott zeigen: Nur allein Gott ist gut. Vor diesem Hintergrund müsste das ethisch orientierte Handeln allein an der Liebe orientiert sein, die selbstverständlich handelt und sich damit als Wahrheit offenbart.

Konsequenz für die christliche Ethik ist nach Jüngel: Das Ende der Pflichtethik kündigt sich an, denn diese kann nicht darauf verzichten, Normen und Werte als Forderungen aufzustellen. Christliche Ethik tritt nicht als Normenethik auf, sie versteht sich nicht als Forderung, sondern als Gabe, die Liebe hervorruft und den Blick vom «Ich» zum «Wir» wendet.[42] Sind Werte daher überflüssig? Jüngel äussert sich diesbezüglich jedenfalls nur negativ.[43] Aber das wäre zu prüfen. Im Sinne einer Tragfähigkeit der Ethik scheint auf Normen und Werte nicht verzichtet werden zu können. Ich möchte daher im Folgenden einen Vorschlag zur Rehabilitierung der Werte unterbreiten, die für die Konkretion der Ethik berücksichtigt werden müssen.

---

41 Vgl. ebd.: «Nicht Werte leiten das Handeln des Christen, sondern allein die aus der Wahrheit kommende Liebe, die ebenso wenig wie Wahrheit einen Wert hat oder darstellt.»

42 Vgl. a. a. O., 106f.

43 Vgl. a. a. O., 108.

4.2 Wertgeltung

Aus der Wertekritik Jüngels wird meines Erachtens die Problematik jeder Ethik deutlich. Wollen wir an einer Ethik festhalten, dann muss dieser weiterhin Orientierungskraft zugeschrieben werden können. Solche Orientierungsfunktion haben in der Moderne die Werte übernommen. Damit aber wird nach Nietzsche ebenso wie nach Jüngel ihre Leistungskraft überschätzt. Sollen die Werte Orientierung leisten, dann dürfen sie die prinzipielle Orientierung des Menschen an Wahrheit und Freiheit nicht verdecken und nicht versperren, sondern müssen sie offenhalten. Das aber ist nicht möglich, wenn durch die Orientierung an Werten als selbstgeschätzte die Wahrheit verstellt wird. Nach Jüngel ist dies nicht zu umgehen. Dann aber würde Ethik in strengem normativen Sinn in der Tat nicht möglich sein, da Handeln immer voraussetzt, dass man sich orientieren muss.

Nun scheint mir dennoch trotz und gerade in der Linie von Jüngels Wertekritik eine positive Orientierung an Werten durchaus möglich, und zwar wenn wir Folgendes berücksichtigen: Werte müssen selbst an der kritisierten Form des Wertesetzens orientiert bleiben, das heisst unter Vermeidung der Verabsolutierung ihrer Geltungsansprüche. Diese Forderung ist nun keineswegs neu. Genau das scheint mir in der Bestimmung des Werts zu liegen, wie Kant ihn in Bezug auf den Menschen definiert hat. Er hat den Wert des Menschen mit seiner Würde interpretiert: Nur der Mensch hat keinen Preis, sein Wert liegt in der Würde.[44] Damit kommt aber generell der «Setzungscharakter» nicht nur der Werte, sondern gerade auch der Forderung *kritisch* in den Blick. Denn was bedeutet das, dass der Wert die Würde ist? Die Würde kommt darin zum Ausdruck, dass der Mensch Mensch ist, wenn er seiner Freiheit ansichtig ist. Es bedeutet, dass der sogenannte «innere Wert» des Menschen einer sein soll, der an Freiheit orientiert ist. Freiheit meint dann gerade nicht Selbstsetzung, sondern – indem sie aus der Würde resultiert –

---

44 «Im Reiche der Zwecke hat alles entweder einen Preis, oder eine Würde. Was einen Preis hat, an dessen Stelle kann auch etwas anderes, als Äquivalent, gesetzt werden; was dagegen über allen Preis erhaben ist, mithin kein Äquivalent verstattet, das hat eine Würde. Was sich auf die allgemeinen menschlichen Neigungen und Bedürfnisse bezieht, hat einen Marktpreis; das, was, auch ohne ein Bedürfnis vorauszusetzen, einem gewissen Geschmacke, d.i. einem Wohlgefallen am blossen zwecklosen Spiel unserer Gemütskräfte, gemäss ist, einen Affektionspreis; das aber, was die Bedingung ausmacht, unter der allein etwas Zweck an sich selbst sein kann, hat nicht bloss einen relativen Wert, d.i. einen Preis, sondern einen innern Wert, d.i. Würde. Nun ist Moralität die Bedingung, unter der allein ein vernünftiges Wesen Zweck an sich selbst sein kann; weil nur durch sie es möglich ist, ein gesetzgebend Glied im Reiche der Zwecke zu sein. Also ist Sittlichkeit und die Menschheit, so fern sie derselben fähig ist, dasjenige, was allein Würde hat.» I. Kant, Grundlegung zur Metaphysik der Sitten, in: ders., Werkausgabe. In zwölf Bänden, Bd. 7, hg. von W. Weischedel, Frankfurt a. M. 1977, 67.

Orientierung an Unverfügbarkeit. Sie drückt dadurch gerade eine Entzogenheit der Möglichkeit einer «Setzung» aus. In diesem Sinne könnten Werte allein dadurch Geltung beanspruchen, indem sie an der Eröffnung von Freiheit orientiert sind. Sie sind dann dem Menschen in seiner Würde angemessen, wenn sie Freiheit *eröffnen*. Was daher in eigentlichem Sinne als «Wert» gelten kann, ist nicht einfach Freiheit an sich, sondern die Eröffnung und Erhaltung der Freiheit. An solcher Eröffnung können die Werte in ihrer inhaltlichen Bestimmung ihre Orientierung erfahren. Und solche Werte sind es dann auch, die als Grundwerte im Sinne von Normen angesehen werden dürfen, allen voran die Menschenwürde, Frieden und Gerechtigkeit aber auch Offenheit für andere, für das Neue und Ausserordentliche und vor allem für die Anerkennung von Schuld, die es allein ermöglicht, Differenzen anzunehmen und tolerant zu sein.

In dieser Perspektive könnte auch die Wertekritik Jüngels kritisch rezipiert werden und eine Weiterführung in der Perspektive einer Rehabilitierung der Werte finden. Entscheidend dafür ist, dass die Frage nach Orientierung, die für die Ethik unhintergehbar ist, die Bestimmung des Werts in seiner freiheitlichen Gestalt gewährleistet. Eine solche Orientierung als Orientierung an Freiheit ist durchaus auch bei Jüngel in Anlehnung an Joh 8,32 gegeben.[45] Nun wird genau diese Freiheit bei ihm als Wahrheit angesprochen, die ja dem Wert entgegengesetzt wird. Diese Wahrheit könnte aber in ihrer Orientierungskraft gleichwohl auch dem Wert zuarbeiten, wird der Wert selbst in Kantischem Sinne als Würde aufgefasst. Denn diese Würde ist ebenfalls an der Eröffnung von Freiheit orientiert. Damit könnten Werte weiterhin auch für die Ethik, auch für die christliche Ethik, eine Rolle spielen. Sie könnten dies sogar gerade durch eine theologisch inspirierte Ethik, die uns ermöglicht, unser Sein in Distanz zur Wahrheit zu akzeptieren und genau daraus eine Freiheit erwachsen zu sehen, die wir weder haben noch mittels ihrer Werte setzen können. Dies entspräche durchaus jener bei Jüngel genannten zweiten Ebene – nämlich der Durchbrechung der natürlichen Einstellung. Diese Durchbrechung, diese Distanz aber können wir nicht selbst herstellen. Sie wird uns eröffnet. Erst diese Eröffnung lässt uns handlungsfähig werden.

In ethischer Hinsicht gewinnt damit der Wertbegriff dann selbst eine doppelte Funktion, die theologisch legitimiert ist: Er verkörpert die Repräsentation eines Inhalts und zugleich den Verweis auf die diesen ermöglichende Bedingung der Freiheit. Indem Werte sich in der Freiheit konzentrieren, partizipieren sie selbst an deren doppelter Bestimmung frei und gleichzeitig gebunden an ihren transzendenten Ermöglichungsgrund zu sein. An diesem

---

45 Vgl. Jüngel, Wertlose Wahrheit, 90.

Punkt wird deutlich, dass Werte nur dann ihre Motivations- und Orientierungsfunktion einnehmen können, wenn sie gegründet und rückbezogen sind auf eine Gewissheitsschicht, die ihnen Geltung verleiht. So hat Hans Joas eingeschärft, dass Werte uns ergreifen müssen, bzw. dass sie nur Geltung beanspruchen können, wenn sie aus einer Schicht der Ergriffenheit resultieren, die uns bindet und die dadurch unser Handeln leiten kann.[46] Eine solche Schicht ist es, die etwa bei Schleiermacher mit dem «Gefühl der schlechthinnigen Abhängigkeit» und bei Luther als «Herz» angesprochen ist. Nur wenn die Werte aus der Gewissheit religiöser oder weltanschaulicher Überzeugungen aufsteigen, haftet an ihnen die Verbindlichkeit, die erforderlich ist, um die Hoffnung, die in sie gesetzt wird, nicht Lügen zu strafen. Insofern wären Werte dann nicht mehr nur Ersatzfiguren, sondern angemessene Manifestation religiöser und ethischer Gewissheiten. Was sie von den Ideen im Sinne metaphysischer Wahrheiten unterscheidet, ist dann nur ihre Perspektivität und Relativität, die aus ihrem je individuellen Begründungshorizont erfolgt und erfolgen muss. Insofern können Werte dann geradezu als nachmetaphysische Formation endlich bestimmter Wahrheit als Gewissheit und endlicher Freiheit als relationaler Selbstbeschränkung gesehen werden. Dass diese dennoch nicht nur subjektiv sind, sondern durchaus objektiven Geltungsanspruch erheben können, dafür steht in der Moderne jenes Verständnis von Werten, das ihren Entstehungsgrund in der Ökonomie nicht mit ihrem Geltungsgrund verwechselt, sondern diesen zurückbindet an die Emanzipation und Freiheit, die uns mit der Aufklärung verheissen wurde. In diesem Geflecht transformiert sich das Allgemeine zum Individuellen. Geltungsanspruch erhält dieses Individuelle jedoch nur durch die Rückbindung an eine Transzendenz, die das Individuelle an das Allgemeine binden kann und das Allgemeine im Individuellen konzentriert.

Das hat auch Konsequenzen für das Verständnis der Säkularisierung. Sie darf nicht mit der Abschaffung von Religion gleichgesetzt werden. Vielmehr sollte sie die Religionsfreiheit würdigen. Dann kann sie auf diese Differenzbestimmung von allgemeiner Wahrheit und individuell gültiger Gewissheit als Errungenschaft der Aufklärung verweisen. Säkularisierung verliert jedoch selbst ihren emanzipativen Horizont, wenn sie mit der Metaphysik auch die Religion dem Überholtsein durch die Geschichte preisgibt als eine Formation, die der Mündigkeit des freien vernünftigen Wesens des Menschen unwürdig ist. Dann missversteht sie nicht nur ihre eigenen Voraussetzungsbedingungen, sondern auch die ihr eigene Struktur, selbst auf Inhalte angewiesen zu sein, die sie stützen und die gerade dann, aber erst dann, auch als Werte aufgefasst werden können.

---

46 Vgl. H. Joas, Die Entstehung der Werte, Frankfurt a. M. 1997.

5. Der Verweisungshorizont der Werte und die kategoriale Stellung der Freiheit

Zusammenfassend können wir festhalten: Der Wertbegriff ist in die Ethik nur als Hilfsbegriff übernommen worden, allerdings als Korrelat zum Freiheitsbegriff. In der Ethik hat er somit immer eine Ersatzfunktion, der eigentlich die erwartete Grundlegung – im Sinne der grossen Ideen – nicht leisten kann und die Verbindlichkeit der Orientierung daher immer wieder ins Wanken bringt. Dennoch kann man auf Werte nicht verzichten, weil es eben eines solchen Ersatzes gerade auch um der Orientierung des Handelns willen bedarf.

Werte bieten in der Neuzeit eine Projektionsfläche für die Vorstellungen von einem guten und gelingenden Leben. Sie sollten daher nicht einfach nur kritisiert werden. Für eine Konkretisierung der Ethik sind sie unverzichtbar. Die Berechtigung der Werte zeigt sich gerade in der Notwendigkeit, Handlungsorientierung für die Ethik zu konkretisieren. Ihre Verbindlichkeit können sie aber nur dann erhalten, wenn die Werte in ihrer Ersatzfunktion kritisch in den Blick genommen werden als diejenigen, die sich ihre Begründungsfunktion letztlich nur erkauft haben und daher Verbindlichkeit, insbesondere auf dem Gebiet des moralischen Handelns, für sich allein niemals werden garantieren können. Diese kritische Sicht haben Nietzsche und auch Heidegger formuliert. Sie wurde in der Theologie Jüngels rezipiert und theologisch verschärft. Dennoch kann gerade eine theologische Rezeption im Anschluss an Jüngels Kritik diese auch überwinden und weiterentwickeln. Entscheidend ist, dass Freiheit nicht als Eigenschaft verstanden wird, sondern prozessual: als Eröffnung von Freiheit. Eine in diesem Sinne verstandene Freiheit ermöglicht es, Werte in ihrer Offenheit und Unverfügbarkeit darzustellen. In ihrer inhaltlichen Wertbestimmung verweisen solche Werte immer selbst auf Freiheit als ihren Horizont, der alle eigenen freiheitlichen Setzungen relativiert und je und je kritisch durchbrechen kann. Und genauso, in dieser Eröffnungsfunktion, fungiert Freiheit selbst als Wert. Es ist also die Korrelation von Freiheit und Wert in dieser Durchbrechungsfunktion, die für die Rehabilitierung der Werte bedacht werden muss.

Dadurch lässt sich meines Erachtens nun tatsächlich eine Rückgewinnung der Rede von Werten in der Ethik erzielen, die damit zu einer qualifizierten Wertethik führen kann, die Werte bejaht und in kritischer Affirmation ihre bedingte Berechtigung anerkennen kann und muss. Wird der Wert an der Eröffnungsfunktion von Freiheit bemessen, dann kann die Freiheit selbst die verlorene metaphysische Grundlagendimension der Ideen einnehmen. Obwohl dem Guten, dem Schönen und dem Wahren kein Sein mehr entsprechen kann, weil den Ideen in der Moderne kein ontologischer, sondern nur Postulats- oder pragmatischer Vollzugscharakter zukommt. So kann nun doch im Freiheitsbewusstsein des Menschen einem solchen durch das praktische

Interesse der Orientierung an Werten begegnet werden. Das Spezifische der Bestimmung der Geltung von Werten hängt dann nicht an bestimmten Inhalten der Werte, sondern daran, die letzte Verbindlichkeit des Orientierungsmassstabs von Werten Würde und Freiheit sein zu lassen. Wenn also trotz der genannten Bedenken gegenüber Werten nun die so verstandene Freiheit als Wert bezeichnet wird, dann hat dies eine entscheidende Konsequenz. Der Wertbegriff wird in eine neue Perspektive gerückt, die in Kants Würdeverständnis impliziert ist. Wird Würde zur Richtschnur des Werts, dann führen Werte dazu, die praktische Selbstdeutung des Menschen, sein Leben in Freiheit und Würde leben zu können, aufrecht zu erhalten und zu befördern. Indem es gelingt, in der Würde Wert und Freiheit korrespondieren zu lassen, resultiert daraus nichts weniger als eine Ethik für freie, das heisst zur Freiheit befreite, Menschen. Dies gelingt eben genau dadurch dass – indem die Freiheit selbst sowohl die Voraussetzung als auch den Inhalt des Wertbegriffs ausmacht – dieser nun aber tatsächlich eine solche Grundlagenbestimmung annehmen kann, die nicht absolut gesetzt, sondern sich in relationalen Kontexten immer wieder bewähren muss.

Diese so verstandenen Werte als bestimmt durch Würde und Freiheit haben für das gegenwärtige Zusammenleben in der modernen globalisierten, interkulturellen und interreligiösen Gesellschaft dann gerade keine trennende Abschottungswirkung, sondern eine Brückenfunktion. Denn es ist diese Perspektive des Zusammenhangs von Wert mit Freiheit und Würde, die es ihrerseits ermöglicht, ethische Orientierung zu leisten, die Pluralität ermöglicht, die offen für Differenz und tolerant für verschiedene Werte ist. Sie ermöglicht es, unterschiedliche Überzeugungsgemeinschaften nicht gegeneinander auszuspielen, sondern sie in der Offenheit zu halten, die Diskurs ermöglicht, ohne die eigenen Überzeugungen aufzugeben, denn diese drücken sich in der Eröffnung von Freiheit aus. Die Frage nach der Geltung der Werte ist unter den genannten Voraussetzungen eben keine Frage der dezisionistischen Macht und des Kampfs – jener tyrannischen Werte im Sinne Carl Schmitts – aber auch keine des diskurstheoretischen Minimalkonsenses im Sinne Habermas, wohl aber eine Bestätigung der kulturellen Errungenschaft der Säkularisierung an Verständigung in aller Differenz orientiert zu sein, weil diese als Möglichkeit des Zusammenspiels von Rationalität und Freiheit gegeben ist. Dies ist aber letztlich nur dort möglich, wo die Freiheitserhaltung selbst ihrer nicht herstellbaren, unvorgreiflichen Voraussetzungsbedingungen, die der Freiheit ihre offene Struktur verleihen, eingedenk bleibt. Es ist dort möglich, wo die

Freiheit uns selbst als Gewissheit über die *conditio humana* verbürgt ist, die in der Würdebestimmung gleichursprünglich ausgesprochen ist.[47]

Aus christlicher Sicht entspricht dieses Freiheitsverständnis dem offenen Raum, der Freiheit durch Liebe ermöglicht, wie es Luther in seiner Freiheitsschrift formuliert hat: «Ein Christenmensch ist ein freier Herr über alle Dinge und niemand untertan. Ein Christenmensch ist ein dienstbarer Knecht aller Dinge und jedermann untertan.»[48] So führen die Werte über sich hinaus zu jener Dimension, die allein Verbindlichkeit gewähren kann, die aber nachneuzeitlich in der Moderne auf rationalen Wegen nicht mehr erschwinglich ist, wohl aber im Begriff der Freiheit Wohnrecht gefunden hat: Insofern ist die christlich bestimmte Freiheit, die in der Liebe fundiert ist, genau der in der Neuzeit entschwundene ontologische Grund für eine Begründung von Werten und deren Geltungsanspruch.

---

47 Unsere Verfassung hält dies fest im Grundrecht auf uneingeschränkte Ausübung der Meinungs- und Religionsfreiheit als grundlegendes Menschenrecht, das seinerseits Ausdruck der Würde des Menschen ist. Beides also, sowohl Freiheit in Form der Meinungs- und Religionsfreiheit als Ausdruck der Toleranz als auch die Würde in ihrer unvertretbaren, je individuellen Bestimmtheit, muss beachtet werden, wenn wir die Frage nach den emanzipativen Voraussetzungen der Säkularisierung und ihrer Konsequenzen für die Geltung von Werten bedenken. Vgl. E. Gräb-Schmidt, Freedom of Religion as the Foundation of Freedom and as the Basis of Human rights: Response to Roger Trigg, in: N. Brunsveld, R. Trigg (Hg.), Religion in the Public Sphere. Proceedings of the 2010 Conference of the European Society for Philosophy of Religion, Utrecht 2011, 125–144.

48 M. Luther, Von der Freiheit eines Christenmenschen (1520), in: ders., Luther deutsch. Die Werke Martin Luthers in neuer Auswahl für die Gegenwart, Bd. 2: Der Reformator, hg. von K. Aland, Göttingen ^{2}1981, 251–274, 251 (WA 7, 21, 1–4).

Ergibt die Moral einen Sinn ohne Gott?

John Cottingham

1. Einführung: Kann es Moral ohne Gott geben?

In diesem Beitrag geht es darum, wie sich Ethik und Religion zueinander verhalten, oder anders gesagt: ob es eine Verbindung zwischen dem Bereich der Ethik oder Moral und dem der Religion gibt. Während des Grossteils unserer Geschichte schien diese Verbindung sehr eng. Im 19. Jahrhundert dann, als die Angriffe gegen die Religion ihr erstmals gefährlich wurden, kam die Sorge auf, ob die Moral ohne ihr religiöses Fundament in sich zusammenstürzen würde. Oder wie es Iwan Karamasow in Dostoevskijs *Brüdern Karamasow* ausdrückt: «Wenn Gott tot ist, dann ist alles erlaubt.»[1]

Diese Sicht ist jedoch ein wenig zu einfach. Denn klar ist: Wer nicht an Gott glaubt, sagt sich damit nicht unbedingt von allen moralischen Schranken los. Man darf zwar in dieser Frage nicht einfach die Ergebnisse der jüngeren empirischen Forschung ignorieren. Eine 2010 veröffentlichte Studie[2] ergab: Wer regelmässig in die Kirche oder Synagoge geht, wird mit höherer Wahrscheinlichkeit für eine wohltätige Organisation (ob religiös oder säkular) Geld spenden oder ehrenamtlich arbeiten, Obdachlosen Geld geben, an der Kasse überzähliges Wechselgeld zurückgeben, Blut spenden, Nachbarn beim Einkaufen helfen, Menschen mit Depressionen Gesellschaft leisten, andere Autofahrer beim Spurwechsel vorlassen oder Fremden den eigenen Sitzplatz anbieten. Eine direkte kausale Verknüpfung gibt es aber natürlich nicht: Ganz offensichtlich gibt es viele hochmoralische Atheisten und umgekehrt viele «schlechte» Menschen, die religiös sind oder es zu sein vorgeben. Um solche statistische oder kausale Fragen soll es an dieser Stelle jedoch nicht gehen. Vielmehr möchte ich eine damit zusammenhängende, aber etwas abstraktere und philosophischere Frage untersuchen, nämlich die nach der *Basis* der Moral, ihrer Grundlage oder Rechtfertigung. In der Vergangenheit wurde diese Basis oft in irgendeiner Weise religiös gedacht: Das Gute oder Richtige kommt von Gott. Könnte es aber auch noch eine andere Basis geben – etwas, das nicht religiös ist, uns aber dennoch als objektive Grundlage einer Moral dienen kann?

---

1 Vgl. F. Dostoevskij, Die Brüder Karamasow, Zürich 1964 (1880), zweites Buch, Kap. 6.

2 Vgl. R. Putnam, American Grace (2010), zitiert bei J. Sacks, The Limits of Secularism, Standpoint Magazine, Februar 2012, 72.

2. Subjektivismus: alles nur Werturteile und persönliche Vorlieben?

Ein möglicher Standpunkt ist sehr radikal: Ihm zufolge benötigen wir gar keine objektive Begründung der Moral, da sie sich ohnehin nur um subjektive Geschmacksurteile und Vorlieben dreht. Hinsichtlich dieses ethischen Subjektivismus hat sich der Wind in der philosophischen Debatte seit meiner Studienzeit in bemerkenswerter Weise gedreht. In den 60er- und 70er-Jahren, als wir noch nicht ganz aus dem Schatten des logischen Positivismus herausgetreten waren, wurden moralische Überzeugungen (oder «Werturteile», wie wir sie oft abschätzig nannten) als subjektiv abgetan – entweder als reine Gefühlsäusserungen, Laute der Zustimmung oder Ablehnung, oder als blosse Pseudo-Eigenschaften, hinter denen sich unsere persönlichen Wünsche und Vorlieben versteckten. Diese Art des Subjektivismus ist in der Moralphilosophie jedoch seit einigen Jahren auf dem Rückzug und wird heute interessanterweise von der Mehrzahl der Philosophierenden abgelehnt. Denn der moralische Subjektisvismus führt, wie sich gezeigt hat, zu ernsthaften Problemen. Wenn wir darüber diskutieren, ob Dinge wie Sterbehilfe oder Vegetarismus richtig oder falsch sind, scheint es doch um viel mehr zu gehen als um persönliche Vorlieben oder subjektive Befindlichkeiten. Wir betrachten Fakten, die Sachlage, die Gründe pro und kontra, und wir versuchen, zu einer rationalen Entscheidung zu gelangen. Es scheint um etwas deutlich Grösseres zu gehen, als um blosse Gefühlsangelegenheiten oder individuelle Präferenzen. Es scheint doch, als ob wir uns Gedanken über etwas Objektives machen: darüber, ob bestimmte Arten von Handlungen an sich richtig oder falsch sind, also unabhängig von unserem subjektiven Empfinden. Das mag natürlich eine Illusion sein – vielleicht projizieren wir tatsächlich bloss unsere eigenen Vorlieben auf die Welt. Und tatsächlich gibt es immer noch sehr kluge Philosophen, die diesen «deflationären» oder «projektivistischen» Standpunkt einnehmen (unter ihnen Simon Blackburn in Cambridge).[3] Seine einstige Vorherrschaft hat er aber eindeutig verloren.

Tatsächlich scheint mir der Projektivismus – was ich hier jedoch nicht ausführlich darlegen kann – ein ziemlicher Rohrkrepierer zu sein, wie auch alle anderen Reduktionen ethischer Aussagen auf etwas Nichtkognitives wie Befehle, Empfehlungen oder blosse Äusserungen von Vorlieben, Vorhaben oder Affekten. Sie alle leiden am gleichen Grundproblem, denn aus ihnen folgt: Ändern wir unsere Vorlieben, Vorhaben oder Gefühle, dann ändert sich auch die moralische Qualität einer Handlung selbst. Laut diesen Theorien gibt es ja in solchen Fragen nichts Objektives zu entdecken, ausgenommen unsere

---

3 S. Blackburn, Ruling Passions, Oxford 1998.

eigenen Projektionen. Doch der ganze Witz an genuinen ethischen Wahrheiten ist ja gerade, dass sie auch dann noch Bestand haben, wenn wir sie nicht mögen, wenn wir uns gegen sie wenden oder wenn sie mit unseren Plänen und Vorhaben kollidieren. Nehmen wir an, wir würden tatsächlich dem bedenklichen Rat Nietzsches in *Jenseits von Gut und Böse* folgen und im Namen eines grossen neuen Projekts (Kreativität, Selbstverwirklichung, Wille zur Macht oder was auch immer) unser Gewissen gegen die Impulse des Mitleids stählen;[4] dann müsste der Projektivist den Standpunkt vertreten, dass wir aufgrund dieser subjektiven Veränderung nun mit Fug und Recht sagen dürfen, Mitgefühl werde von uns nicht mehr moralisch gefordert – denn wir heissen es nicht mehr gut, es ist nicht mehr Teil unseres Projekts. Ausserhalb der Kunstwelt des philosophischen Seminars dürfte es jedoch ganz klar sein, dass jeder, der sich aufrichtig und ernsthaft mit einer solchen Frage auseinandersetzt, sehr wohl weiss, dass die Forderung nach Mitleid für die Schwachen und Hilflosen nicht einfach abbedungen werden kann. Wer ernsthaft etwas anderes annimmt, zeigt damit nur seine eigene Schlechtigkeit – oder die Tatsache, dass ihn, wie in Nietzsches Fall, ein preziöses Ego oder Selbstbild blind für die moralische Realität gemacht hat. Denn bei seiner ganzen philosophischen Brillanz hatte Nietzsche einen blinden Fleck: Ihm fehlte, wie Philippa Foot es einmal ausdrückte, die Grundempfindung der menschlichen Verletzlichkeit, das Gefühl, dass wir am Ende alle im selben Boot sitzen.[5]

3. Naturalismus à la Darwin

Selbst wenn man diese Art des Subjektivismus ablehnt: Könnte es dann vielleicht trotzdem noch sein, dass moralische Urteile am Ende einfach eine Funktion der Neigungen und Antriebe sind, die in Ihnen und mir – oder im Menschengeschlecht allgemein – qua Evolution entstanden sind? Womöglich sind moralische Einstellungen einfach natürliche Impulse, die zwar weithin geteilt werden mögen, aber letztendlich durch nichts Objektiveres begründet werden als durch unsere Entwicklungsgeschichte und ihre Zufälle. Wäre unsere Evolution oder Sozialgeschichte ein wenig anders verlaufen, hätten wir vielleicht andere ethische Standards. In gewisser Hinsicht ist also alles kontingent und von den Launen der menschlichen Entwicklung abhängig. Viele derartige Ideen zum Wesen der Moral sind stark beeinflusst von evolutionären Ansätzen jener Art, die erstmals im 19. Jahrhundert aufkam. Ihr berühmtester Vertreter dürfte Charles Darwin gewesen sein. In seiner *Abstammung des Men-*

---

4 Vgl. F. Nietzsche, Jenseits von Gut und Böse, Leipzig 1886, §§ 202, 203.

5 Vgl. Ph. Foot, Nietzsches Immoralismus, in: dies., Die Wirklichkeit des Guten. Moralphilosophische Aufsätze, hg. und eingeleitet von U. Wolf und A. Leist, Frankfurt 1997.

schen (veröffentlicht in den 1870er-Jahren) zeigt Darwin eine «reduktionistische» Sicht der menschlichen Moral: Anstatt uns Erkenntnisse zu letztgültigen, objektiven Bedeutungen und Werten zu liefern, ist unsere Fähigkeit zu Moralurteilen einfach ein Produkt (oder Nebenprodukt) der zufälligen Entwicklung unserer Vorfahren im Kampf ums Überleben.

Im vierten und fünften Kapitel der Abstammung des Menschen, wo es um die Entwicklung unserer moralischen Fähigkeiten geht, verwendet Darwin eine sehr vielsagende Formulierung – die vom «*sogenannten* moralischen Gefühl»[6]. In seiner reduktionistischen Sichtweise sind das Gewissen und andere sogenannte «höhere» Antriebe bloss natürliche Gefühle, die sich unter dem Druck der Selektion herausgebildet haben. Altruismus und Selbstaufopferung, um eines seiner Beispiele zu nennen, mögen etwa entstanden sein, weil ein Stamm, in dem dieser Wesenszug besonders hervorsticht, «über die meisten andern Stämme den Sieg davontragen [wird]; und dies würde natürliche Zuchtwahl sein»[7]. Der entscheidende Punkt, um den es Darwin hier geht, ist der rein natürliche Ursprung unserer moralischen Gefühle. Sie sind in dieser Hinsicht genau wie alle anderen angeborenen Triebe und Neigungen Teil unseres natürlichen, animalischen Erbes. Tatsächlich impliziert er, dass der Unterschied zwischen moralischen und nichtmoralischen Gefühlen eher dem Unterschied zwischen den Fähigkeiten des Menschen und denen anderer Primaten entspricht: Die Verschiedenheit mag zwar gross sein, doch in Darwins Augen ist sie «sicher nur eine Verschiedenheit des Grads und nicht der Art»[8]. An der Moralität, am Gewissen oder am moralischen Gefühl, das angeblich moralische Werte erkennen kann, ist nichts Ungewöhnliches, nichts besonders Erhabenes. Und so kann das gesamte Phänomen der Moralität im Grunde seinen Platz einnehmen: Es ist bloss ein weiterer Teil der Natur.

---

6 «[…] dass Handlungen von Wilden für gut oder schlecht gehalten werden […] nur insofern sie in einer auffallenden Weise die Wohlfahrt des Stammes […] betreffen. Diese Folgerung stimmt sehr gut mit dem Glauben überein, dass das sogenannte moralische Gefühl ursprünglich den socialen Instincten entstammte […]» Ch. Darwin, Die Abstammung des Menschen und die geschlechtliche Zuchtwahl, Stuttgart ^{3}1875 (1871), 154.

7 «Ein Stamm, welcher viele Glieder umfasst, die […] stets bereit sind, einander zu helfen und sich für das allgemeine Beste zu opfern, wird über die meisten andern Stämme den Sieg davontragen; und dies würde natürliche Zuchtwahl sein. Zu allen Zeiten haben über die ganze Erde einzelne Stämme andere verdrängt, und da die Moralität ein bedeutungsvolles Element bei ihrem Erfolg ist, so wird der Massstab der Moralität sich zu erhöhen und die Zahl gut begabter Menschen überall zuzunehmen streben.» A. a. O., 172. Die meisten modernen Evolutionstheoretiker würden diese anscheinende Gutheissung der Gruppenselektion problematisch sehen, doch mit Unterstützung der Genetik könnten sie das Argument einfach umformulieren. Es ginge dann um die Vorteile, welche die Prävalenz eines Gens oder mehrerer Gene, die mit altruistischem Verhalten verknüpft sind, in einer bestimmten Population hätte.

8 A. a. O., 163.

So forsch diese klassische darwinsche Position auch auftritt, sie sieht sich schwerwiegenden Einwänden gegenüber. Denn wenn wir üblicherweise über den Bereich des Moralischen nachdenken, so scheint er uns doch wesensmässig verschieden vom gesamten Rest der uns vertrauten, beobachtbaren Natur zu sein.

4. Vier bemerkenswerte Eigenschaften moralischer Werte

Moralische Werte scheinen erstens *objektiv* zu sein, also nicht abhängig von meinen persönlichen Vorlieben und Wünschen oder auch denen der Gesellschaft insgesamt. Grausamkeit und Arroganz sind objektiv falsch und bleiben es auch dann, wenn ich selbst sie vielleicht ganz gut finde. Selbst wenn Arroganz plötzlich allgemein gelobt würde, bewiese das noch nicht, dass sie richtig oder gut[9] ist, sondern nur, dass die Schlechtigkeit der Menschheit zugenommen hat (was freilich nur allzu gut sein kann).

Zweitens sind moralische Grundwerte *universell* – nicht in dem Sinne, dass sie tatsächlich immer und überall anerkannt werden, sondern in dem Sinne, dass ihre Geltung nicht von den Launen unserer Geschichte oder Geografie abhängt. Gewiss unterscheiden sich die Vorstellungen davon, was gut ist, zwischen den Epochen und Stämmen – eine Tatsache, die Darwin hervorhebt. Das ist jedoch kein wesentliches Argument gegen Objektivität und Universalität. Dass beispielsweise Sklaverei falsch und Mitleid gut ist, wurde und wird vielleicht nicht zu jeder Zeit und überall anerkannt; das widerlegt aber nicht, dass sich dieses Urteil auf völlig objektive und universelle Wahrheiten über Tugenden und Werte bezieht. Schliesslich sind auch die Wahrheiten der Physik bei Weitem nicht universell anerkannt, doch das spricht keineswegs dagegen, dass sie universell und objektiv sind. Es braucht nur sehr viel Zeit und Anstrengung, um sie ans Tageslicht zu bringen und richtig zu verstehen.

Drittens sind moralische Werte *notwendig* – Grausamkeit ist also nicht bloss *zufällig* falsch, sondern falsch in allen möglichen Welten. Natürlich können wir uns über solche grundlegenden Normen hinwegsetzen und tun dies oft auch; doch sie sind (wie es der Logiker Gottlob Frege gegen Ende des 19. Jahrhunderts in ganz anderem Zusammenhang, nämlich dem der Wahrheiten der Logik und Mathematik, ausdrückte) wie «Grenzsteine […], von unserm Denken überfluthbar zwar, doch nicht verrückbar»[10].

Und schliesslich sind moralische Werte viertens das, was man in der aktuellen philosophischen Redeweise als *normativ* bezeichnet: Sie stellen eine zwin-

9 Es gibt natürlich wichtige Unterschiede zwischen «richtig» und «gut». Da sie jedoch die Hauptlinie meiner Argumentation nicht betreffen, gehe ich an dieser Stelle nicht auf sie ein.

10 G. Frege, Grundgesetze der Arithmetik, Bd. 1, Jena 1893, XVI.

gende Forderung oder rufen uns zu etwas auf, ob wir wollen oder nicht. Gerade diese letzte ist eine bemerkenswerte Eigenschaft, die auch die früher so genannten «ewigen Werte» (das Wahre, Schöne, Gute) allesamt teilen – sie bringen das Gefühl mit sich, dass etwas von uns *verlangt* oder *gefordert* wird. Einige Sprachen, darunter Latein, haben für derlei Sachverhalte eine besondere grammatische Form, das sogenannte Gerundivum. Das lateinische Wort *amandus* (von *amare*: lieben) bedeutet also nicht einfach, dass etwas geliebt wird oder womöglich «liebenswürdig» ist (in dem recht schwachen Sinne, dass es die Tendenz hat oder alle Voraussetzungen dazu mitbringt, geliebt zu werden), sondern dass es zu lieben ist, *geliebt werden soll.* Eine solche «gerundivische» Note scheint auch bei der Wahrheit mitzuschwingen: Wahr ist, was des Glaubens würdig ist – was also *geglaubt werden soll.* Das Schöne ist dementsprechend das, was der Bewunderung würdig ist, was *bewundert werden soll*, und das Gute das, was der Wahl würdig ist, was *verfolgt werden soll.* Wahrheit, Schönheit und Güte scheinen also Eigenschaften «sehr seltsamer Art» zu sein, wie es der britische Philosoph John Mackie einmal ausdrückte:[11] Sie haben eine besondere, magnetische Qualität – das «Verfolgt-werden-Sollen» ist auf irgendeine Weise Teil von ihnen. Und warum ist dies so seltsam? Weil es anscheinend nicht mit einer rein *naturalistischen* oder naturwissenschaftlichen Darstellung dieser Eigenschaften zusammenpasst, denn es ist schwer einzusehen, warum in etwas, das rein natürlich oder empirisch definierbar ist, nun auch noch diese seltsame «Normativität», das Der-Wahl-würdig-Sein, stecken sollte. Es sieht also so aus, als ob uns das Nachdenken über solche normative Begriffe früher oder später nötigt, die Sphäre des rein Natürlichen oder Empirischen zu verlassen, und uns zu etwas Höherem, Speziellerem führt.[12]

5. «Buck-Passing» und der Schwarze Peter

Einige Philosophen sind der Ansicht, dass man, indem man die Aufmerksamkeit auf diese angeblich nichtempirischen oder nichtnatürlichen Merkmale der Moral lenkt, letztlich deren Bedeutung viel zu sehr aufbläht. So sind in der Diskussion um das Wesen von Werten in letzter Zeit sogenannte «Buck-Passing-Ansätze» aufgekommen. Ein solcher wird etwa von dem amerikanischen Moralphilosophen Tom Scanlon in seinem Buch *What We Owe to Each Other* vertreten. Im Amerikanischen bedeutet *to pass the buck* ungefähr «den Schwarzen Peter weitergeben», also die Verantwortung für etwas abwälzen. Ein

---

11 Vgl. J. Mackie, Ethik. Die Erfindung des moralisch Richtigen und Falschen, Stuttgart 1981 (1977), Kap. 1, § 9.

12 Näheres dazu und zu den anderen hier besprochenen Aspekten moralischer Werte vgl. J. Cottingham, Why Believe? London 2009, Kap. 2; ders., The Spiritual Dimension, Cambridge 2005, Kap. 3.

Buck-Passing-Ansatz verlegt dementsprechend den Schwerpunkt weg von normativen Begriffen wie «gut» oder «sollen», hin zu deutlich besser durchschau- und fassbaren Fakten, die ihnen anscheinend zugrunde liegen. Ein Messer ist einfach deswegen gut, weil es bestimmte, ganz gewöhnliche natürliche oder der Beobachtung zugängliche Merkmale hat (zum Beispiel Schärfe), die Grund für mich sind, dieses Messer zu wählen, wenn ich etwas schneiden will. Nicht anders ist es beispielsweise mit der Mildtätigkeit: Ihr gemässe Handlungen haben bestimmte, ganz gewöhnliche natürliche Eigenschaften (etwa die, dass sie Leid vermindern), die Grund für mich sind, sie zu tun.[13]

Nun ist es zwar ganz offensichtlich wahr, dass das Gut- oder Schlechtsein einer Handlung auf diese Weise mit solchen gewöhnlichen Merkmalen zusammenhängt. Diese der Beobachtung zugänglichen Merkmale liefern uns *Gründe,* etwas zu tun oder nicht zu tun. Es ist aber leider genauso offensichtlich, dass vielen Menschen diese Gründe egal sind. Viele Menschen haben Freude an grausamen oder bösen Handlungen; das Leid anderer, das *wir* als Grund dafür sehen, dass sie damit aufhören sollten, wird von diesen Menschen einfach nicht als ein solcher Grund anerkannt. Wir können nun sagen: «Gut, aber es ist egal, was diese bösen Menschen sagen oder denken – das Leid ihrer Opfer *ist* ein Grund, ein *zwingender* Grund, aufzuhören.» Aber dann scheinen wir doch an eine Art moralischer Forderung zu appellieren, die *unter allen Umständen* Bestand hat – egal, wie viele Menschen sich darüber hinwegsetzen oder sich weigern, sie anzuerkennen. Kurz: Der Buck-Passing-Ansatz scheint zwar richtig zu erkennen, wie Gut- und Schlechtsein über sich selbst hinaus auf gewöhnliche natürliche Eigenschaften von Handlungen verweisen, die uns Gründe dafür liefern, diese Handlungen zu tun oder zu unterlassen; doch erklärt er anscheinend nicht, warum einigen dieser Gründe eine *zwingend normative Kraft* zukommt.

Bisher hat unser Argument ergeben, dass eine darwinsche oder naturalistische Ethik Schwierigkeiten bekommt, sobald es darum geht, genuin moralische Werte zu erklären – genuin moralisch in dem hier verwendeten starken Sinn, der sich darin ausdrückt, dass sie zwingende Handlungsgründe liefern, ob es uns gefällt oder nicht.

6. Nichtnaturalistischer Objektivismus

Wie dem Leser aufgefallen sein wird, läuft meine Darstellung darauf hinaus, einer wie auch immer gearteten objektivistischen Ethik den Vorzug zu geben. Damit muss jedoch nicht automatisch eine theistische Theorie der Moral mit

---

13 Für eine Darstellung des Buck-Passing-Ansatzes siehe T. Scanlon, What We Owe to Each Other, Cambridge (USA) 1998.

Gott im Mittelpunkt verbunden sein. Es könnte auch andere objektivistische Theorien geben – eine objektive Moral ohne Gott. Wie könnte das gehen?

Eine Möglichkeit sind die mitunter so genannten *nichtnaturalistischen* Ethiken. Sie bestehen darauf, dass Werte einen genuin objektiven Status haben: Sie lassen sich nicht auf natürliche Fakten und Eigenschaften reduzieren (daher die Bezeichnung «nichtnaturalistisch»), sondern existieren als normative Realitäten eigenen Rangs. So lesen wir etwa bei Russ Shafer-Landau, dass Werte «nackte Tatsachen über die Funktionsweise der Welt» sind; oder etwas später: «moralische Grundsätze sind nicht weniger Teil der Realität als [...] die Grundgesetze der Physik».[14] Doch wie sind diese «nackten Tatsachen» zu verstehen? Sollen wir, platt gesagt, annehmen, dass Werte irgendwo zwischen Planeten, Sternen und Galaxien herumschweben? Zu sagen, dass Werte existieren, ist die eine Sache – aber *wie* existieren sie?[15] Man muss Shafer-Landau zugestehen, dass er selbst seiner Theorie ein «sehr begrenztes Erklärungspotenzial» bescheinigt.[16] In diesem Fall besteht jedoch die Gefahr, dass von ihr nicht viel mehr bleibt als die blosse Behauptung, moralische Werte existierten tatsächlich (wenn auch auf mysteriöse Weise).

Für Eric Wielenberg, einen anderen Vertreter eines starken Realismus, sind moralische Wahrheiten «Teil der Einrichtung des Universums», ja sie bilden sogar den «ethischen Hintergrund jedes möglichen Universums»[17]. Letzteres Zitat legt nahe, dass wir uns Werte als rein abstrakte Objekte vorstellen sollten, vielleicht in etwa so wie Dreiecke oder Primzahlen. Wenn wir also akzeptieren können, dass mathematische Abstrakta existieren (und darauf warten, von Mathematikern entdeckt und untersucht zu werden), könnten wir dann nicht eventuell auch akzeptieren, dass abstrakte Werte existieren (und darauf warten, von Ethikern untersucht zu werden)? Doch es scheint, als ob bei diesem Ansatz nur ein Mysterium (die Existenz moralischer Realitäten) durch ein weiteres (die Existenz objektiver mathematischer Realitäten in allen möglichen Welten) erklärt wird. Wenn eine ewige mathematische, logische oder moralische Realität irgendwie an der puren Existenz von Dingen beteiligt

---

14 Siehe R. Shafer-Landau, Moral Realism, Oxford 2003: Moralische Standards «stimmen einfach», sie sind «nackte Tatsachen über die Funktionsweise der Welt» (46, 48). Zum Vergleich mit der Physik siehe: Ethics as Philosophy. A Defense of Ethical Non-naturalism, in: R. Shafer-Landau (Hg.), Ethical Theory. An Anthology, Chichester/Malden ²2013, Kap. 8.

15 Auf die sogenannte «Redundanzstrategie», bei der Wahrheits- und Realitätsbehauptungen lediglich als emphatische Verstärkung der entsprechenden Aussagen gefasst werden, sodass also «x ist wahr/wirklich wahr/Teil der Realität» lediglich eine starke Art ist, x zu behaupten, kann der Nichtnaturalist begreiflicherweise nicht zurückgreifen, denn dann müsste er gerade den normativen Realismus aufgeben, den er ja vertreten will.

16 Shafer-Landau, Moral Realism, 48.

17 E. J. Wielenberg, Value and Virtue in a Godless Universe, Cambridge 2005, 52.

ist, aber nicht in naturalistischen Begriffen erklärt werden kann, dann ist dies doch sehr bemerkenswert (und zudem, wie man hinzufügen könnte, bemerkenswert konsistent mit dem traditionellen Theismus). Es scheint, dass der Nichtnaturalist hierauf *eingehen* muss, anstatt bloss zu behaupten, diese Realitäten seien «Teil des Universums».

7. Derek Parfit: Ethik ohne Ontologie

Eine interessante jüngere Entwicklung in der Moralphilosophie sind die Arbeiten des britischen Ethikers Derek Parfit, dessen Mammutwerk *On What Matters* nach vielen Jahren der Entstehung nun 2011 endlich erschien. Parfit ist Objektivist – er besteht darauf, dass es tatsächlich objektive moralische Wahrheiten gibt. Oder um den Buchtitel aufzugreifen (*On What Matters*) «worauf es ankommt»: Er ist überzeugt, dass es auf manche Dinge wirklich *ankommt* – dass sie aus sich heraus wirklich Gewicht haben. Es kommt wirklich darauf an, wie wir andere behandeln; es kommt wirklich darauf an, ob wir unseren Planeten so behandeln, dass die Menschheit überlebt. Wir haben es hier mit echten moralischen Wahrheiten zu tun. In Parfits Worten: «Indem ich glaube, dass es auf manche Dinge ankommt, glaube ich, dass es irreduzibel normative Wahrheiten gibt.»[18] Oder anders gesagt, es gibt moralische Wahrheiten, die objektiven Zwang auf uns ausüben, die uns entscheidende Gründe für bestimmte Handlungen liefern. Doch, um auf meine anfängliche Frage zurückzukommen: Worin gründet diese Objektivität? Was macht die Wahrheiten wahr?

In der Naturwissenschaft wird Objektivität dadurch begründet, *wie die Welt eben ist* – durch die tatsächliche Existenz und die Eigenschaften von Sternen, Planeten, Atomen, Molekülen und dem ganzen Rest. Je besser unsere wissenschaftlichen Theorien diese Realitäten, diese realen Objekte und Eigenschaften *abbilden* oder *wiedergeben*, desto wahrer sind sie. Wenn wir nun jedoch von der physischen in die moralische Welt wechseln, was soll dann Wahrheit verbürgen? Welche Realität trägt moralische Wahrheiten oder macht sie wahr?

Wie viele zeitgenössische Philosophen lehnt Parfit die theistische Antwort ab: Er kann keinen Gott als die Realität akzeptieren, die der objektiven moralischen Ordnung zugrunde liegt. Dennoch besteht er weiterhin darauf, dass es objektive moralische Wahrheiten gibt. Welche Realität bildet nun ihre Grundlage? Parfits vielleicht verblüffende Antwort lautet: *gar keine.* Obwohl er also darauf besteht, dass sie wahr sind: «so wahr, wie es eine Wahrheit nur sein kann», behauptet er gleichzeitig, dass es keine stützende Realität gibt, die diese Wahrheit herstellen würde. «Wie Zahlen und Eigenschaften haben sie

---

18 D. Parfit, On What Matters. Bd. 2, Oxford 2011, 464.

keinen ontologischen Status.» Seine Ansicht lautet: «Damit solche Behauptungen wahr sind, müssen die begründungsgebundenen Eigenschaften weder als natürliche Eigenschaften in der raumzeitlichen Welt noch in irgendeinem nicht raumzeitlichen Teil der Realität existieren.»[19]

Zumindest ich persönlich muss zugeben, dass ich das alles sehr verwirrend finde. Parfit zieht eine Analogie zu Zahlen und anderen logischen Eigenschaften, also einem Bereich, von dem wir alle glauben, dass es in ihm echte Wahrheiten gibt; doch die Parallele zur Logik und Mathematik scheint keine grosse Hilfe zu sein. Denn in der Frage, was logische und mathematische Wahrheiten eigentlich wahr macht, ergeben sich ganz ähnliche Schwierigkeiten. Einige Philosophen der Mathematik sind *Konventionalisten:* Ihrer Ansicht nach beziehen die Wahrheiten der Logik und Mathematik ihre Wahrheit nur aus menschlichen Konventionen über den Gebrauch von Symbolen. Für den Bereich des Moralischen wäre eine solche Antwort für Parfit jedoch ganz klar inakzeptabel: Er will ja gerade *nicht* behaupten, dass sich Moral auf unsere menschlichen Gebräuche und Konventionen reduzieren lässt – im Gegenteil, sie soll wirklich und objektiv aus sich selbst heraus Gewicht haben. Andere Philosophen der Mathematik sind *Realisten:* Sie postulieren eine Art platonische Sphäre mathematischer Objekte, die unabhängig von uns existiert und deren Erforschung die Aufgabe der Mathematikerinnen und Mathematiker ist. Doch diese Lösung gefällt Parfit ebenfalls nicht: Eine platonische Sphäre, in der Werte irgendwie unkörperlich herumschweben, kann er nicht akzeptieren. Für ihn existiert nur die natürliche Welt – oder wie er selbst es ausdrückt: Wir müssen keine «seltsamen Entitäten als Teil der Realität»[20] annehmen. Es bleibt also die Behauptung, es gebe letztgültige moralische Wahrheiten mit der Befugnis, uns vorzuschreiben, wie wir leben sollen; doch sind diese Wahrheiten eben *einfach so* wahr. Es gibt für ihre Wahrheit keinen Garanten, und dennoch sind sie «so wahr, wie es eine Wahrheit nur sein kann». Das finde ich recht mysteriös.

Besonders erstaunt mich, wie nahe Parfit in den Konsequenzen seiner Position dem kommt, was seit jeher der Standpunkt der Theisten ist. Es scheint, als wünsche er sich die Ergebnisse des Theismus, die Stabilität und Objektivität des Moralischen, ohne dafür jedoch mit dem theistischen Glauben bezahlen zu müssen. Gläubige Menschen vertreten seit eh und je den Standpunkt, dass es eine objektive moralische Ordnung gibt, die letztlich im Wesen Gottes gründet und von unseren bloss kontingenten Neigungen und Wünschen unabhängig ist, und dass diese Ordnung auf uns Macht oder Zwang normativer Art ausübt und uns schlüssige, zwingende Gründe liefert,

---

19 A. a. O., 487, 486.

20 A. a. O., 487.

auf bestimmte Art zu handeln. (Dass wir mit unserem schwachen Wesen diesen Anforderungen nicht immer genügen können, steht auf einem anderen Blatt.) Parfit will diese zwingenden Gründe, die moralische Autorität und den ganzen Rest, doch er will auch, dass all das irgendwie einfach so wahr ist, ohne weitere Erklärung, in einem gänzlich materiellen Universum ohne Gott.

Wie viele Jahrhunderte vor ihm Augustinus (wohlgemerkt vor dessen Bekehrung) hat Parfit den ethischen Objektivismus akzeptiert, scheut jedoch den letzten Schritt zum Theismus. Dieses Widerstreben ist in unserer heutigen philosophischen Kultur sehr stark geworden, so stark, dass für die meisten Philosophierenden von vornherein feststeht, dass der Rekurs auf eine übernatürliche oder göttliche Sphäre schlechthin tabu ist. Demgegenüber glaube ich – wenn mir einige persönlichere Worte zum Schluss erlaubt sind –, dass es keinen philosophischen Grund gibt, sich diesem letzten Schritt zum Theismus zu widersetzen, sondern dass wir im Gegenteil allen Grund dazu haben, ihn zu gehen.

8. Gott als Ursprung der Moral

Wenn Moralphilosophen eine auf Gott gestützte Ethik ablehnen, dann oft wegen des sogenannten Euthyphron-Dilemmas. Dieses Problem wurde erstmals von Platon dargestellt: Wie soll es gehen, dass etwas durch Gottes Willen moralisch richtig oder falsch wird? Etwas kann nicht einfach nur deshalb richtig sein, weil Gott es befiehlt – denn sonst wäre es auch richtig, auf seinen Befehl Kinder zu foltern, und das erscheint absurd. Gewiss sollen wir auf Gottes Befehle nicht nur deshalb hören, weil er mächtig ist oder weil wir ihn fürchten, denn das wäre keine Moralität, sondern Tyrannei oder Ängstlichkeit.

Der Theist jedoch hat eine Lösung für dieses Problem. Im Verständnis der grossen abrahamitischen Religionen – Judentum, Christentum und Islam – bilden den Ursprung der Moral nicht einfach die willkürlichen Befehle eines Gottes, sondern die eines guten und liebenden Gottes. Des Gottes der Gerechtigkeit und der liebenden Güte, wie es in der hebräischen Bibel heisst; Gottes, des Gnädigen und Barmherzigen, wie es im Koran heisst; des Gottes, der Liebe ist, wie es im Johannesevangelium heisst.

Da Gott als letzte und ewige Realität gesehen wird, ist Objektivität in der Ethik dadurch begründet, dass *die Dinge sind, wie sie eben sind.* Wir sehen hier die Parallelen zur Naturwissenschaft. Dort, so Descartes und andere theistische Rationalisten, können wir mittels des uns eingeborenen mathematischen Bewusstseins grundlegende Erkenntnisse der rationalen Muster erlangen, die dem physischen Universum zugrunde liegen; und genauso sind wir in der Ethik in der Lage, im Lichte des uns eingeborenen moralischen Grundbewusstseins uns zu dem Guten hin zu wenden, das im Herzen der Realität zu finden ist. Auf die gleiche Art und Weise wie in der Naturwissenschaft wird also auch in der Ethik stärkstmögliche Objektivität hergestellt (was jedoch, genau wie in der Naturwissenschaft, natürlich nicht bedeuten muss, dass es auf ethische Fragen schnelle und einfache Antworten gibt).

Ein weiterer Grund, warum eine theistische Metaphysik ein inhärent günstiges Umfeld für die Vorstellung genuin objektiver normativer Massstäbe bietet (wie es bei säkularen Weltanschauungen meiner Ansicht nach kaum zu finden sein wird), ist die Tatsache, dass die letzte Realität aus theistischer Sicht *persönlich* und *zweckgerichtet* ist – und nicht blind, irrational, neutral, vom Zufall bestimmt oder einfach leer, wie es eine alternative atheistische Weltanschauung letztlich annehmen muss. So sind beispielsweise die beiden Merkmale Gottes, die in den christlichen Evangelien (und besonders im Johannesevangelium, dem metaphysischsten unter ihnen) am stärksten hervorstechen, Vernunft (*logos*) und Liebe (*agape*). Diese Merkmale sind sehr eng mit Eigenschaften (nämlich Intelligenz und liebender Sorge) verbunden, die irreduzibel eine Person voraussetzen.

Nach allem, was man feststellen kann, ist der Mensch nicht eben eine perfekte Spezies, und gewiss ist er nicht immer dazu veranlagt, sein Leben im Zeichen der Vernunft und Liebe zu führen; doch wenn der Kosmos letztlich eine göttliche Teleologie oder Zielbestimmung widerspiegelt, kann unser Leben ohne sie nicht gelingen, und zwar weil wir eben so geschaffen wurden, wie wir geschaffen wurden. (Der Glaube an eine göttliche Schöpfung verpflichtet uns übrigens nicht dazu, Fundamentalisten zu werden; Augustinus und Descartes, beides überzeugte Theisten, akzeptierten Vorläufer der Evolutionstheorie, und es gibt keinen guten Grund für den Theisten, nicht zu akzeptieren, dass wir unsere Existenz einem viele Jahrtausende währenden Evolutionsprozess verdanken.)

Nun funktioniert eine theistische Ethik freilich nur, wenn der Theismus selbst wahr ist – und das ist eine weitere Frage, auf die ich hier nicht eingehen kann. Dass der Kosmos seinen Ursprung in Vernunft und Liebe hat, ist nichts, was mit den üblichen Methoden der Naturwissenschaft festzustellen wäre. Die transzendente Realität ist notwendig von ihren dem menschlichen Verstand zugänglichen Manifestationen verschieden, und deshalb ist die Vorstellung eines göttlichen Ursprungs des Guten meiner Überzeugung nach nichts, was sich allein mit dem Instrumentarium der philosophischen Vernunft erklären liesse. Sie ist jedoch immerhin konsistent mit allem, was wir innerhalb der Philosophie über das moralisch Gute feststellen können. Und was entscheidend ist: Sie gibt uns einen *Rahmen,* der uns von den Gefahren der Kontingenz und Sinnlosigkeit befreit, die unter der Oberfläche einer vorgeblich selbstgenügsamen, autonomen säkularen Ethik lauern. Sie bietet uns keinen Beweis, sondern vielmehr eine Hoffnung, dass die «Höhle» unserer menschlichen Existenz (um es mit Platons Metapher zu sagen) nicht hermetisch verschlossen ist, sondern dass unsere flackernden moralischen Erscheinungen den letzten Ursprung alles Guten widerspiegeln. Indem wir uns immer wieder für die ihnen gemässen Handlungen entscheiden, fügen wir uns einem vernünftigen, dem Verstand zugänglichen Muster, das ein Wesen von grösster Liebe und Güte für uns vorgesehen hat.

Warum sollte demgegenüber in einem dem Zufall überlassenen oder unpersönlichen Universum die Tatsache, dass eine Handlung die Schwachen und Hilflosen unterdrückt, als – zumal zwingender – Grund gegen sie zählen? Warum sollte es als Grund, als zwingender Grund, für eine Handlung zählen, dass sie einen Akt der Vergebung gegenüber einem Menschen darstellt, der uns verletzt hat und es nun aufrichtig bereut? Woher sollen solche Beschreibungen von Dingen diese zwingende handlungsleitende Kraft nehmen, diese so starke Form der schon angesprochenen magnetischen Qualität, dieses überzeugende inhärente «Gesollt-Werden»? Viele Atheisten (wie der schon erwähnte John Mackie) werden die «Seltsamkeit» dieser unterstellten zwingenden Begründungskraft als Grund für die Folgerung nehmen, dass genuine, objektive moralische Eigenschaften in Wirklichkeit nicht existieren – dass sie vielmehr trügerische Gebilde sind, blosse Projektionen unserer eigenen Vorlieben. Das ist eine radikale Position, die sich vielen philosophischen Problemen stellen muss, aber immerhin konsequent ist. Doch für jene, die diesen radikal subjektivistischen Weg nicht gehen wollen, für die wachsende Schar der Moralphilosophen, auch aus dem atheistischen Lager, die (wie Parfit) dem Objektivismus in der Ethik zugetan sind, braucht es doch gewiss irgendeine Art von Erklärung, *warum* bestimmte Merkmale von Dingen mit einer nicht nur vorläufigen oder instrumentellen, sondern unbedingten, kategorischen handlungsleitenden Kraft ausgestattet sind. Wie funktioniert es, dass die Tatsache, dass mit einer Handlung absichtlich Leid zugefügt wird, einen zwingenden Grund liefert, diese Handlung zu unterlassen – einen Grund, der unabhängig von meinen zufällig gewählten Zielen oder Projekten Bestand hat? Wie kann es sein, dass die Eigenschaft einer Handlung, den Schwachen und Notleidenden zu helfen (vorausgesetzt, niemand sonst hat ein moralisches Vorrecht auf meine Ressourcen), einen zwingenden Grund liefert, sie auszuführen?

Für den Theisten gibt es eine Antwort auf diese Fragen. Wenn Gott selbst seinem Wesen nach gnädig, barmherzig, gerecht und liebend ist, dann gelangen wir Menschen, indem wir so handeln, näher zu Gott, den Ursprung unseres Daseins und alles Guten. Handlungen dieser Art verpflichten uns in der stärksten möglichen Weise, denn sie bringen uns näher zur «Heimat», in der wir wahren Frieden und Erfüllung finden; stellen wir uns aber gegen sie, so versperren wir uns den Weg zu unserer wahren Bestimmung, zur letzten Quelle von Freude und Sinn in unserem Leben. Diese Überzeugung mag zum

Teil Glaubenssache sein, doch wenn meine Ausführungen auch nur einigermassen korrekt sind, steht sie vielleicht für eine philosophisch stimmigere und überzeugendere Konzeption des Wesens der Moral, als sie irgendein anderer Ansatz derzeit bietet.

9. Ethik und das Mystische

Der Philosoph Ludwig Wittgenstein merkte einmal an, die Ethik sei «transcendental». Zugleich verlagerte er sie in den Bereich des «Mystischen».[21] Für den heute so dominanten wissenschaftlichen Naturalismus wäre dies höchst unbefriedigend, und natürlich war auch Wittgenstein selbst wissenschaftlichen Welterklärungen sehr zugetan; doch musste er zugeben, dass es an der Ethik etwas gibt, das sich darin nicht recht unterbringen lässt. Die religiöse Weltanschauung dagegen erkennt Kategorien wie das Geheimnisvolle oder das Heilige selbstverständlich an, und meiner Ansicht nach wäre unser Leben ohne sie unendlich viel ärmer.

Was ist an Moralität nun so geheimnisvoll? Im rein linguistischen Sinn gibt es nichts Mystisches an Moral – nichts könnte semantisch klarer oder präziser sein als Sätze wie «Stehlen ist falsch» oder «Man muss andere immer mit Respekt behandeln». Das Geheimnis, wenn es denn eins gibt, liegt eher im Wesen der Forderung und in dem seltsamen Zwang, den sie auf uns ausübt. Ich denke, es war keine blosse Laune, die Immanuel Kant dazu bewog, in der berühmten Passage der *Kritik der praktischen Vernunft* der natürlichen Welt, vertreten durch das erhabene Bild des bestirnten Himmels, das moralische Gesetz zur Seite zu stellen, von dem wir ein so starkes inneres Bewusstsein haben. Beide, so Kant, erfüllen uns mit *Achtung*[22]; und als gründlicher Bibelkenner dachte er dabei gewiss an den Gedankengang aus dem 19. Psalm. Dieser führt nach dem Einstieg – «der Himmel erzählt die Herrlichkeit Gottes» – und einer ausführlichen Würdigung der Wunder des Firmaments in seiner zweiten Hälfte direkt zu den Wundern des moralischen Gesetzes: «kostbarer [...] als Gold [...] süsser als Honig, als Wabenseim».

Daran nun *ist* in der Tat etwas Mystisches oder Geheimnisvolles. Denn in dem, was Bernard Williams einmal unsere «nicht recht stimmige Bricolage von Vermögen und Instinkten» nannte, findet sich nichts, was die Annahme rechtfertigen könnte, unser Bewusstsein hätte sich in ein – wie Nagel es ausdrückt – «Instrument der Transzendenz» verwandelt, das universelle und objektive moralische Werte erfassen könnte.[23] Und doch wissen wir so sicher, wie wir nur irgendetwas wissen können, dass es solche objektiven moralischen Werte

---

21 L. Wittgenstein, Tractatus Logico-Philosophicus, London 1922, §§ 6.421, 6.522.

22 Vgl. I. Kant, Kritik der praktischen Vernunft, Beschluss.

23 T. Nagel, Mind and Cosmos, Oxford 2012, 85.

gibt, dass Liebe und Mitleid und Gerechtigkeit unseren Gehorsam einfordern, ob es uns gefällt oder nicht, und dass ihre zwingende Kraft nicht unserer Fantasie entstammt, sondern im Gegenteil der Prüfstein ist, an dem wir unsere eigenen schwankenden Maximen und Wünsche beurteilen müssen. Die philosophische Vernunft allein kann diese Wahrheit nicht vollständig erfassen, und hier liegt vielleicht das mystische Element, das einige der grössten moralischen Lehrmeister der Welt, besonders Jesus von Nazaret, dazu veranlasste, in *Parabeln* zu sprechen – und damit an etwas jenseits der vernunftmässigen Analyse zu appellieren, das durch solche Geschichten angeregt wird. Etwas, das man Einbildungskraft oder Intuition oder Herzensbildung nennen mag, ohne dadurch jedoch viel zu seiner Klärung beizutragen. Nichts wird erfindungsreiche Philosophen daran hindern, Erklärungsalternativen für das zu präsentieren, was dabei vor sich geht. Doch wenn wir die Geschichte vom verlorenen Sohn, vom barmherzigen Samariter oder vom Schalksknecht hören, wissen wir alle, dass die Imperative der Liebe, des Mitleids und der Gerechtigkeit von uns eine Reaktion einfordern, die wir, wenn wir unsere moralische Integrität bewahren wollen, nicht verweigern können – eine Reaktion, in der wir über uns hinausgehen und uns über das Durcheinander unserer Ansprüche und Wünsche, über die chaotischen Trümmer unseres biologischen und kulturellen Erbes hinaus nach dem wahren Ziel strecken müssen, in dem wir dauernden Frieden und tiefste Erfüllung finden.

Postskriptum: Ethik jenseits des Säkularen

Richard Amesbury

Es heisst, Vertreter einer theologischen Ethik stünden heute vor einem Dilemma, wenn sie sich an die Gesamtgesellschaft richten möchten: Drücken sie sich in ihrer Arbeit genuin theologisch aus, so riskieren sie, die breitere Öffentlichkeit abzuschrecken, die sie doch erreichen möchten; entscheiden sie sich dagegen für ein säkulareres Vokabular, haben sie vielleicht nichts wirklich Eigenes mehr zur Debatte beizutragen. Wie Jeffrey Stout beobachtet hat: «Um in unserer Kultur gehört zu werden, hat die Theologie oft ihre Stimme verstellt – mit dem Ergebnis, dass sie bloss die Gemeinplätze säkularer Intellektueller in einer durchschaubar figurativen Redeweise wiederholt hat.»[1] Der offensichtliche Nachteil einer solchen Strategie ist, dass sie der theologischen Ethik zwar einen Platz im breiteren kulturellen Diskurs verschafft, jedoch *um den Preis, nichts Interessantes mehr sagen zu können.* Oder um es mit Stanley Hauerwas' sehr guter Frage auszudrücken: «Wenn das, was theologisch gesagt wird, nur das bestätigt, was wir auch aus anderer Quelle wissen können, oder sich in nichttheologischer Sprache klarer fassen lässt: wozu dann überhaupt die Mühe der theologischen Formulierung?»[2] Gibt es also ein Publikum für eine theologische Ethik? Kann die theologische Ethik sie selbst sein (was immer das genau bedeuten mag) oder muss sie zu etwas anderem – zum Beispiel Philosophie – werden, um gehört zu werden?

In einer säkularen, pluralistischen Kultur glaubwürdig und authentisch zu sprechen, ist die schwere Aufgabe jener Richtung der Theologie, für die sich die Bezeichnung «öffentliche Theologie» oder *Public Theology* eingebürgert hat. Heinrich Bedford-Strohm nennt fünf Charakteristika dieses Unterfangens:

«[E]rstens die Thematisierung von Fragen öffentlicher Relevanz, schwerpunktmässig aus dem Bereich der Sozialethik, für deren Reflexion das Orientierungsangebot der biblischen und theologischen Tradition fruchtbar gemacht werden soll, zweitens ein klares theologisches Profil, das aber bewusst die Plausibilisierung seiner Inhalte im säkularen Diskurs mit einschliesst («Zweisprachigkeit»), drittens eine spezifische Verbindung von Universalität

---

1 J. Stout, Ethics After Babel. The Languages of Morals and Their Discontents, Princeton 1988, 163.

2 S. Hauerwas, On Keeping Theological Ethics Theological, in: S. Hauerwas, A. MacIntyre (Hg.), Revisions: Changing Perspectives in Moral Philosophy, Notre Dame 1983, 18.

und Kontextualität, viertens eine besondere Offenheit für den interdisziplinären Dialog sowie fünftens die dezidierte Inklusion konkreter politischer Problemlagen in die theologisch-ethische Reflexion.»[3]

Die besonderen Herausforderungen der öffentlichen Theologie, etwa die Notwendigkeit der «Zweisprachigkeit», entstammen ihrer Bereitschaft, sich innerhalb einer liberalen Öffentlichkeit zu verorten, die als Raum des öffentlichen Vernunftgebrauchs verstanden wird. Nach Rawls und Habermas handelt es sich hierbei um einen Raum, in dem Bürger als politisch Gleiche zusammenkommen, um über «wesentliche Verfassungsinhalte und Fragen grundlegender Gerechtigkeit»[4] zu entscheiden – um also unserem Leben durch die zwingende Kraft des Rechts eine kollektive Ordnung zu geben.

Über den angemessenen Platz «religiöser Argumente» in der öffentlichen Debatte ist viel geschrieben worden, und ich möchte diese Diskussion hier nicht wiederholen.[5] Die Frage, ob die Theologie etwas Interessantes *in* der Öffentlichkeit zu sagen hat, werde ich also für einen Augenblick beiseite stellen und stattdessen fragen, was sie *über* die Öffentlichkeit sagen könnte. Wenn die theologische Ethik, wie es scheint, für bestimmte Kreise ihre Daseinsberechtigung verloren hat, ist es vielleicht an der Zeit, die grundlegendere Frage nach dem Verhältnis zwischen *civitas Dei* und *civitas terrena* wieder in den Blick zu nehmen.

Der immanente Rahmen

Ein Charakteristikum der modernen Ethik ist ihre Verortung innerhalb dessen, was Charles Taylor einen «immanenten Rahmen» nennt.[6] Taylor geht davon aus, «dass dieser Rahmen eine natürliche im Gegensatz zu einer übernatürlichen Ordnung bildet – eine immanente Welt im Gegensatz zu einer möglichen transzendenten Welt»[7]. Diese immanente Ordnung wird als autark verstanden – sie kommt ohne Bezug auf einen Gott aus. Dennoch muss sie, wie Taylor anmerkt, einen solchen Bezug nicht unbedingt ausschliessen: «Sie lässt Abgeschlossenheit zu, ohne sie zu verlangen.»[8] Die Selbstgenügsamkeit des immanenten Rahmens ist vielleicht am offensichtlichsten in der Weltsicht

---

3 H. Bedford-Strohm, Politik und Religion – Öffentliche Theologie, in: Verkündigung und Forschung 54 (2009), 53.

4 Vgl. z. B. J. Rawls, Politischer Liberalismus, Frankfurt a. M. 1998 (1993), 48.

5 Hilfreiche Schilderungen dieser Debatte sind etwa zu finden bei S. Grotefeld, Religiöse Überzeugungen im liberalen Staat. Protestantische Ethik und die Anforderungen öffentlicher Vernunft, Stuttgart 2006 und C. Eberle, Religious Conviction in Liberal Politics, New York 2002.

6 Vgl. T. A. Smith, Weird John Brown. Divine Violence and the Limits of Ethics, Stanford 2015, 5.

7 C. Taylor, Ein säkulares Zeitalter, Frankfurt a. M 2009 (2007), 904.

8 A. a. O., 906.

und dem Weltzugang der Naturwissenschaften, wie sie beispielsweise im berühmten Bonmot über Gott zum Ausdruck kommen, das Laplace zugeschrieben wird: *je n'ai pas eu besoin de cette hypothèse – diese Hypothese brauchte ich nicht.* Sie ist jedoch auch charakteristisch für unser moralisches Leben und insbesondere für dessen Konzeption in der akademischen Ethik. Gegenstand einer so verstandenen Ethik ist das menschliche Wohlergehen oder Gedeihen, zu betrachten in einem weltlichen Begriffsrahmen. Wie Ted A. Smith bemerkt: «Ein immanenter Rahmen ist so dehnbar, dass er konsequentialistische, deontologische oder tugendorientierte Formen der moralischen Argumentation aufnehmen kann. Entscheidend ist nicht die Form der moralischen Argumentation, sondern der Fokus auf Güter, Ziele und Tugenden, die zu weltlichen Konzeptionen des Guten passen.»[9]

Tatsächlich kann man die Ansicht vertreten, dass dieses Merkmal der Ethik zu ihrer Definition gehört, insofern nämlich das Streben nach Gütern jenseits des immanenten Rahmens weniger als alternative ethische Betätigungsform gelten wird denn als das, was Kierkegaard (unter seinem Pseudonym Johannes de Silentio) eine «teleologische Suspension des Ethischen»[10] nennt. Vom Standpunkt der Moderne betrachtet, ist ein nichtimmanentes ethisches Telos fast schon ein begrifflicher Widerspruch.[11] Wie sollen wir dann aber das Reich der möglichen Zwecke nennen, das jenseits der modernen Ethik liegt? Taylors Vorschlag lautet: «Religion».[12] Ein solches Verständnis könnte zunächst als Problem für eine theologische Ethik angesehen werden. Doch kann Letztere, wie Smith anmerkt, in den immanenten Rahmen aufgenommen werden, solange sie nur ihre Bestrebungen auf das Ziel des menschlichen Gedeihens abstimmt: «Ein immanenter Rahmen [...] bietet Platz für theologische Argumente, die Gründe oder Motive für bestimmte Verpflichtungen liefern. Die relevante Art der Immanenz wird nicht definiert

---

9 Smith, Weird John Brown, 35.

10 S. Kierkegaard, Furcht und Zittern. Gesammelte Werke, Abt. 4, Düsseldorf/Köln 1962 (1843), bes. 57–63.

11 Natürlich werden nicht alle nichtimmanenten Zwecke in demselben Spannungsverhältnis zur Moral gesehen wie Kierkegaards weiter unten erläutertes Beispiel von Abrahams Bereitschaft, Isaak zu opfern. So spricht Kierkegaard in *Die Taten der Liebe* davon, dem anderen dabei zu helfen, eine Beziehung zu Gott als dem höchsten Gut einzugehen. Ein solches Telos ist zwar nichtimmanent, könnte jedoch in aller Regel ohne Suspension des Ethischen verfolgt werden. Da es aber eben nichtimmanent ist, wird es vermutlich nicht per se als «ethisches» Ziel gelten, und das, obwohl es zu der Art von Zielen zählt, deren Verfolgung ganz erhebliche Konsequenzen für das Verständnis eines guten Lebens hat.

12 Ein Charakteristikum der «Religion» nach Taylors Definition ist die Ausrichtung an einem «Wert, der höher ist als das menschliche Gedeihen und der über dieses Gedeihen hinausgeht». Taylor, Säkulares Zeitalter, 45.

durch den *Ursprung* der Verpflichtung, sondern durch die diesseitige Natur ihres *Inhalts*.»[13]

Die Theologie ist in der Öffentlichkeit willkommen, wenn sie beispielsweise eine theistische Begründung der Menschenrechte liefert. Verfolgt jedoch die *Religion* Ziele jenseits des menschlichen Gedeihens, ist sie beträchtlichem ethischem Argwohn ausgesetzt. Das Problem ist hier nicht einfach die Unübersetzbarkeit der Begriffe, sondern ein grundlegenderes: die Tatsache, dass die Zwecke irreduzibel sind. Freilich hängen beide Probleme eng miteinander zusammen, denn wie Kierkegaard anmerkt, wird das, was Abraham Isaak anzutun gewillt war, in der Ethik als *Mord* bezeichnet.[14] Die meisten zeitgenössischen Vertreter einer theologischen Ethik sind daher sehr darauf bedacht, sich von Kierkegaards Abraham zu distanzieren, scheint dieser doch den «religiösen Terroristen» unserer Tage vorwegzunehmen.[15] So argumentiert zum Beispiel Troels Nørager in *Taking Leave of Abraham*: «Ein konstitutiver Bestandteil dessen, was uns (gemeint sind wir, die wir in einer westlichen liberalen Demokratie leben) ‹modern› macht, ist unsere primäre Verpflichtung auf Moral und das normative Fundament der Demokratie.» Daraus folgt, dass «unsere religiösen Verpflichtungen so angepasst werden sollten, dass sie sich angemessen in diesen soziopolitischen Kontext einfügen»[16]. Dabei ist es wichtig zu erkennen, dass das Problem nicht bei der Gewalt an sich liegt. Wie Mahmood Mamdani angemerkt hat: «Das moderne Empfinden reagiert angesichts tief greifender Gewalt keineswegs verstört. Die Weltkriege haben das nur zu deutlich offenbart. Was uns in unserem modernen Empfinden allerdings verstört, ist Gewalt, die sinnlos erscheint, die sich nicht durch den Fortschritt rechtfertigen lässt.»[17] Verstört und empört sind wir dann, wenn Gewalt nicht instrumentell eingesetzt wird, sondern auf eine Art und Weise, die sich nicht mit immanenten Zielen vereinbaren lässt – wie auch immer diese aussehen mögen.

Kierkegaards Abraham macht uns Angst, weil er überdies ein grundlegendes Merkmal des immanenten Rahmens der Ethik zu bedrohen scheint: nämlich ihre Fixierung auf Regeln – das, was Taylor abschätzig «Regelfetischismus»[18] nennt. Eine solche «Nomolatrie» kommt ebenso zum Vorschein,

---

13 Smith, Weird John Brown, 35.

14 «Der ethische Ausdruck dafür, was Abraham getan hat, ist, dass er Isaac morden wollte.» Kierkegaard, Furcht, 27.

15 Vgl. z. B. D. Malone-France, Faith, Fallibility, and the Virtue of Anxiety. An Essay in Religion and Political Liberalism, New York 2012, 65.

16 T. Nørager, Taking Leave of Abraham. An Essay on Religion and Democracy, Aarhus 2008, 12.

17 M. Mamdani, Guter Moslem, böser Moslem. Amerika und die Wurzeln des Terrors, Hamburg 2006 (2004), 11.

18 Taylor, Säkulares Zeitalter, 1173.

wenn in der philosophischen Ethik Utilitaristen und Kantianer miteinander diskutieren, denn trotz ihren vielen Differenzen sind sie «sich darüber einig, dass es ein einziges Prinzip geben muss, aus dem alle pflichtgemässen Handlungen und ausschliesslich pflichtgemässe Handlungen abgeleitet werden können»[19]. Doch sie findet sich auch in der modernen politischen Ordnung selbst, im liberalen Ideal einer «Rechtsstaatlichkeit», die keine Ausnahmen duldet. Erklärtes Ziel einer solchen Ordnung ist es, ansonsten gewalttätige Handlungsantriebe unter die Kontrolle der Vernunft zu bringen, indem Grenzen dafür aufgestellt werden, welche Zwecke rechtmässig verfolgt werden dürfen. Wie Walter Benjamin bemerkte: Das Rechtssystem «drängt darauf, in allen Gebieten, in denen Zwecke von Einzelpersonen zweckmässigerweise mit Gewalt erstrebt werden könnten, Rechtszwecke aufzurichten, welche eben nur die Rechtsgewalt auf diese Weise zu verwirklichen mag»[20]. Dies hat jedoch, wie einer ganzen Reihe von Denkern von Benjamin und Schmitt bis hin zu Derrida und Paul Kahn aufgefallen ist, den Effekt, dass die Gewalt im Recht selbst institutionalisiert wird. Die Funktion des Staates ist es nicht, die Gewalt abzuschaffen, sondern im Gegenteil ein Monopol auf sie zu errichten, indem die Rechtsetzung, so Benjamin, «im Augenblick der Einsetzung des Bezweckten als Recht […] nicht einen von Gewalt freien und unabhängigen, sondern notwendig und innig an sie gebundenen Zweck als Recht unter dem Namen der Macht einsetzt. Rechtsetzung ist Machtsetzung und insofern ein Akt von unmittelbarer Manifestation der Gewalt.»[21] Mit Taylor von «Nomolatrie» zu sprechen, bedeutet daher *inter alia*, die Aufmerksamkeit auf den zwiespältigen Charakter der rechtmässigen Gewalt zu lenken – «irgend etwas Morsches im Recht»[22] zu sehen, wie es bei Benjamin heisst.

Göttliche Gewalt als Gnade

Etwas Morsches *im Recht* zu sehen, bedeutet nun aber nicht unbedingt, das gesamte Recht als morsch oder (wie es ein naiver Anarchismus annehmen würde) schlicht als entbehrlich zu betrachten. Vielmehr wird damit sein Anspruch bestritten, Selbstzweck zu sein – und die Möglichkeit seiner teleologischen Suspension offengehalten. An dieser Stelle wird Benjamins Ausdrucksweise explizit theologisch. Wenn man die unsere soziale Ordnung begründende und erhaltende Gewalt als «mythisch» bezeichnen kann, so kann man die Abschaffung oder Ablösung dieser Ordnung als «göttliche Gewalt» bezeichnen: «Wie in allen Bereichen dem Mythos Gott, so tritt der mythischen

---

19 A. a. O., 1167.
20 W. Benjamin, Zur Kritik der Gewalt und andere Aufsätze, Frankfurt a. M. 1965, 34.
21 A. a. O., 57.
22 A. a. O., 43.

Gewalt die göttliche entgegen.»[23] Damit befinden wir uns in der Nähe von Carl Schmitts berühmter Definition in der *Politischen Theologie*: Souverän ist, «wer über den Ausnahmezustand entscheidet»[24]. Wie Gott angeblich bei einem Wunder die Naturgesetze ausser Kraft setzt, so hebt der Souverän um seines Überlebens willen die Rechtsordnung auf. Doch obwohl sich nun sowohl Benjamin als auch Schmitt für ihre Kritik der Nomolatrie der liberalen Ordnung (man könnte auch sagen: ihres *Deismus*) der Theologie zuwenden, sehen ihre Alternativen zu dieser Ordnung (und/oder deren Selbstverständnis) sehr verschieden aus.

Für den späteren Nationalsozialisten Schmitt geschieht die Aufhebung des Rechts im Interesse der Erhaltung des Staates. Insofern die Souveränität dem gehört, der im Notfall die Zügel an sich reissen kann, zirkuliert sie im Bereich des Immanenten und bricht nicht mit diesem. Smith dazu: «Schmitts *Entsetzung* steht für einen Moment der Aufhebung, der sich vollständig innerhalb der Zyklen dessen befindet, was Benjamin als mythische Gewalt bezeichnet.»[25] Er «legitimiert deshalb eine säkularisierte Theokratie, wodurch das gestürzte Recht mit neuer theologischer Kraft aufgeladen wird»[26]. Für Benjamin, der sich auf der Flucht vor den Nazis das Leben nahm, gehört die Souveränität dagegen nicht in das Reich des Mythos, sondern des Göttlichen. Aus der Perspektive des Mythischen erscheint das Göttliche als zerstörende Kraft, gerade weil es den gewalttätigen Zyklus unterbricht, in dem Recht gesetzt, aufrechterhalten und – in Augenblicken der Revolution innerhalb des Mythos selbst – in neuer Form neu gesetzt wird.

Smith sieht in Benjamins Konzept der göttlichen Gewalt ein quasi paulinisches Verständnis der Gnade, die über das Recht hinausgeht und es relativiert, ohne es jedoch ganz abzuschaffen – oder jedenfalls noch nicht.[27] Sie rückt das Recht vom Mittelpunkt unseres kollektiven Lebens weg an seinen angemessenen Platz. Doch dieser liegt nicht einfach im Nirgendwo. In 1. Korinther 7,31 fordert Paulus: «[D]ie sich die Dinge dieser Welt zunutze machen, sollen sie sich zunutze machen, als nutzten sie sie nicht. Denn die Gestalt dieser Welt vergeht.» Dies findet einen Widerhall bei Smith: «Eine Person, die das Wirken der göttlichen Gewalt kennt, würde nicht dem politischen Leben entsagen, das durch die göttliche Gewalt sterblich geworden ist. Sie würde jedoch mit einem anderen Bewusstsein daran teilnehmen und die weltlichen Güter anstreben als jemand, der von ihren falschen Versprechungen erlöst

---

23 A. a. O., 59.

24 C. Schmitt, Politische Theologie. Vier Kapitel zur Lehre von der Souveränität, Berlin ³1979, 11.

25 Smith, Weird John Brown, 80.

26 A. a. O., 72.

27 A. a. O., 80f. Es gibt hier eine offensichtliche Nähe zu Luthers Gedanken, dass Freiheit vom Gesetz die Freiheit bedeutet, dem Nächsten zu dienen.

und von ihren Forderungen befreit wurde. […] Durch die göttliche Gewalt erlöst, wäre sie fähig zu einer im wirklichen Sinne säkularen Politik.»[28]

Interessant ist hier die Behauptung, dass ein wirklich *säkulares* Verständnis der Politik einen theologischen Bezugsrahmen voraussetzt, oder mit Taylors Begriffen gesprochen: dass der immanente Rahmen offen für etwas Transzendentes bleibt. Hier wird der Begriff des Säkularen auf seine ursprüngliche, theologische Verwendung zurückgeführt, nach der er sich nicht auf einen Raum bezieht, sondern auf eine Zeit – ein *Zeitalter*, dessen Charakter von seinem Verhältnis zu etwas «Höherem» abhängt, das sich gelegentlich in *kairos*-Momenten manifestiert.

Mit Bedacht sieht Benjamin davon ab, solche Momente vorhersagen oder auch nur rückblickend benennen zu wollen, kann dies doch dazu führen, dass die göttliche Gewalt in sich zusammenfällt und zu mythischer wird. Sein Ziel – und das von Smith – ist es vielmehr, den begrifflichen Raum (oder besser: die begriffliche Zeit) aufzuspannen, in dem das Recht als beschränkt und daher entsakralisiert betrachtet werden kann. Weit davon entfernt, ein Freibrief für menschliche Gewalt zu sein, stellt die Kategorie der göttlichen Gewalt vielmehr ihre «Kritik» dar – im Sinne einer Aufdeckung ihrer Grenzen. Und insofern sie sich dem Anspruch des Staats auf letztgültige Autorität widersetzt, finden in der Raumzeit, die durch Benjamins Konzept der göttlichen Gewalt erschlossen wird, auch tatsächlich Formen dessen Platz, was üblicherweise Gewalt*losigkeit* heisst.

Eine entscheidende Funktion der Theologie ist es nach diesem Verständnis, Räume und Zeiten jenseits des Hier und Jetzt offenzuhalten; auf das Kommen eines Messias zu warten. Eine Gefahr liegt dabei in dem von Benjamin so genannten «katholischen» (gemeint: Schmittschen) Fehler einer säkularen Theokratie, einer Sakralisierung der gegenwärtigen Ordnung; eine andere liegt, wie William Cavanaugh gezeigt hat, in dem «protestantischen» Fehler, die göttliche Gewalt in ein bloss innerliches, historisch nicht realisierbares Ideal zu verwandeln, wie es der Liebe durch Reinhold Niebuhr widerfuhr.[29] Doch kann eine eschatologische Perspektive, wie sie durch Benjamins

---

28 A. a. O., 82f. Vgl. Augustinus' Bemerkung über die Güter, die im irdischen Staat begehrt werden: «Auch das sind Güter und ohne Frage Gaben Gottes. Wenn aber diese Güter unter Vernachlässigung der edleren, die dem oberen Staate eignen, wo der Sieg in ewigem und höchstem Frieden gesichert ist, derart begehrt werden, dass man sie entweder für die einzigen hält, oder sie doch mehr liebt als die nach unserer Überzeugung besseren, dann muss unweigerlich Elend folgen und das schon vorhandene noch gemehrt werden.» A. Augustinus, Vom Gottesstaat, Bd. 2, eingeleitet und übertragen von W. Thimme, Zürich 1955, 222.

29 Vgl. William Cavanaughs Rezension von Smiths Buch, «The Blurred Line Between Law and Violence», in der Los Angeles Review of Books (20. Februar 2015): http://marginalia.lareviewofbooks.org/blurred-line-law-violence-william-cavanaugh/, (Zugriff am 1.10.2015).

göttliche Gewalt eröffnet wird, auch zu einer Veränderung der Gegenwart beitragen? Kann das Göttliche körperlich werden? Eine mögliche Antwort findet sich in Cavanaughs eigenen Ausführungen zu Augustinus' *De Civitate Dei*.

Augustinus' berühmte Metapher wird oft im Lichte der modernen Unterscheidung von Kirche und Staat oder sakral und profan gelesen. Bei Augustinus geht es jedoch nicht um eine einzige Stadt mit unterschiedlichen Arten von Arbeit und Gütern, sondern um zwei Städte, entstanden aus unterschiedlichen Arten von Liebe. «Augustinus verortet die beiden Städte nicht im Raum, sondern projiziert sie in die Zeit»[30], so Cavanaugh. Dementsprechend interpretiert Cavanaugh die beiden augustinischen Städte nicht als zwei Orte, an denen unterschiedliches Recht gilt, sondern als konkurrierende *Umsetzungen*, miteinander verbunden durch eine spezielle Beziehung, für die er – unter Aufnahme von Überlegungen von Samuel Wells – den dramaturgischen Begriff *overaccepting* verwendet. Dieser steht für «eine improvisierte Neurahmung einer Dramenhandlung im Sinne einer grösseren Geschichte, die erzählt werden soll».[31] Ein Beispiel dafür wäre ein Pianist, dem ein Kind wahllos in die Klaviatur greift und der daraufhin eine Melodie improvisiert, welche die Zufallsnoten des Kindes integriert. Cavanaugh führt als Beispiel die Oper *Ariadne auf Naxos* von Richard Strauss an, bei der eine Tragödie durch die Rekontextuierung innerhalb einer grösseren Aufführung zur Komödie wird. Aufgabe der Kirche ist es dementsprechend nicht, sich in der Öffentlichkeit des irdischen Staats zu verorten, sondern vielmehr, eine alternative «Öffentlichkeit» zu imaginieren und eine andere Politik zu leben.

Theologische Ethik jenseits des immanenten Rahmens

Nach Richard Rortys berühmter Definition sind Liberale «Menschen, die meinen, dass Grausamkeit das schlimmste ist, dessen wir fähig sind»[32]. Auch wenn nicht völlig klar ist, was er damit meint, lässt sich dieses Diktum plausibel als Anerkenntnis der zentralen Stellung interpretieren, die der Liberalismus dem «Leiden» einräumt, verstanden im rein immanenten und primär physischen Sinne.[33] Man kann eine solche Interpretation jedoch auch gegen den Strich lesen: als Zeichen einer korrespondierenden Gleichgültigkeit gegenüber Formen des Leids, die sich mit den Möglichkeiten des immanenten Rahmens

---

30 W. Cavanaugh, Migrations of the Holy. God, State, and the Political Meaning of the Church, Grand Rapids 2011, 59.

31 A. a. O., 65.

32 R. Rorty, Kontingenz, Ironie und Solidarität, Frankfurt a. M. 1989, 281. Diese Sicht geht laut Rorty auf Judith Shklar zurück. Vgl. A. a. O., 237.

33 In der Ethik ist eine solche Sicht natürlich zentral für die Mathematik des Utilitarismus, bei der Leid und Glück miteinander aufgerechnet werden.

nicht begrifflich fassen lassen.[34] Ein Teil dessen, was eine Ethik zu einer «theologischen» machen würde, wäre dann gerade offenes Auge für Arten von Unheil und Leid, die sich nicht auf immanente Qualen reduzieren lassen – für Übel, die erst in Bezug auf nichtimmanente Zwecke in den Blick geraten. Gewiss muss eine theologische Ethik «weltliches» Leid ernst nehmen, doch wird sie es nicht unbedingt als rein physisches Leid interpretieren.

Zu Recht befassen sich Vertreter der theologischen Ethik heute mit Fragen des Gemeinwohls. Doch sollten wir die Bedingungen, die mit der Einladung zur Teilnahme an der «öffentlichen Diskussion» verbunden sind, nicht kritiklos akzeptieren. Denn die Öffentlichkeit des liberalen Staats ist ein Raum, der durch die Gewalt des Rechts definiert wird. Theologische Ethik kann dazu beitragen, dass die Politik säkular bleibt, dass das Recht aus dem Mittelpunkt gerückt oder «entlastet»[35] wird. Doch dies setzt gerade voraus, dass sie der Versuchung widersteht, sich in einen säkularen, immanenten Rahmen einzufügen. Denn wenn sie Zwecke, die diesen Rahmen sprengen, verleugnet oder ignoriert, fügt sie sich dem Souveränitätsanspruch des Staats über diese Fragen. Die Gefahr einer rein immanenten Ethik ist eine sakralisierte Politik. Das Säkulare ist nicht der Raum, in dem sich der Gottesstaat verorten muss; wenn vielmehr die theologische Ethik irgendetwas Interessantes zu sagen haben will, ist der Gottesstaat die Zeit, in der wir das Säkulare verorten müssen.

---

34 Interessante Ausführungen zu diesem Problem finden sich bei S. Mahmood, Religious Reason and Secular Affect: An Incommensurable Divide?, in: Critical Inquiry 35 (2009), 836–862.

35 «Entlastung» ist in diesem Zusammenhang der von Smith verwendete Ausdruck. Vgl. Smith, Weird John Brown, 80.

Autorinnen und Autoren

Richard Amesbury ist Professor für theologische Ethik und Leiter des Instituts für Sozialethik der Universität Zürich.

Christoph Ammann ist Oberassistent am Institut für Sozialethik der Universität Zürich. Er ist Mitglied der Tierversuchskommission des Kantons Zürich und der Kommission für Tierversuchsethik der Akademien der Wissenschaften Schweiz.

John Cottingham ist emeritierter Professor für Philosophie an der Universität Reading, Professorial Fellow am Heythrop College London und Honorary Fellow am St John's College Oxford.

Elisabeth Gräb-Schmidt ist Professorin für Systematische Theologie und Leiterin des Instituts für Ethik an der Evangelisch-Theologischen Fakultät der Universität Tübingen. Sie ist Mitglied im Rat der Evangelischen Kirche in Deutschland und in der Zentralen Ethikkommission der Bundesärztekammer.

Wolfgang Huber, Prof. Dr. Drs. h.c., war nach Professuren in Marburg und Heidelberg von 1994 bis 2009 evangelischer Bischof in Berlin, seit 1997 Mitglied des Rates und von 2003 bis 2009 Ratsvorsitzender der Evangelischen Kirche in Deutschland.

Ulrich H. J. Körtner, O. Univ.-Prof. Dr. Dr. h.c. mult., ist seit 1992 Ordinarius für Systematische Theologie (reformiert) an der Evangelisch-Theologischen Fakultät der Universität Wien, seit 2001 auch Vorstand des Instituts für Ethik und Recht in der Medizin der Universität Wien.

Eberhard Schockenhoff ist Professor für Moraltheologie an der Albert-Ludwigs-Universität Freiburg i. Br. und Mitglied im Deutschen Ethikrat.